भूरी-भूरी खाक-धूल

ग. मा. मुक्तिबोध

राजकमल प्रकाशन

ISBN : 978-81-267-1275-5

मूल्य : ₹795

पहला संस्करण : 1980
छठा संस्करण : 2022

प्रकाशक : राजकमल प्रकाशन प्रा. लि.
1-बी, नेताजी सुभाष मार्ग, दरियागंज
नई दिल्ली-110 002

शाखाएँ : अशोक राजपथ, साइंस कॉलेज के सामने, पटना-800 006
पहली मंजिल, दरबारी बिल्डिंग, महात्मा गांधी मार्ग, प्रयागराज-211 001
36 ए, शेक्सपियर सरणी, कोलकाता-700 017

वेबसाइट : www.rajkamalprakashan.com
ई-मेल : info@rajkamalprakashan.com

मुद्रक : बी.के. ऑफसेट
नवीन शाहदरा, दिल्ली-110 032

BHURI-BHURI KHAK-DHOOL
Poems by Gajanan Madhav Muktibodh

क्रम

तुम्हारे पास, हमारे पास,
सिर्फ़ एक चीज़ है—
ईमान का डण्डा है,
बुद्धि का बल्लम है,
अभय की गेंती है,
हृदय की तगारी है—तसला है
नये-नये बनाने के लिए भवन
आत्मा के,
मनुष्य के,
हृदय की तगारी में ढोते हैं हमीं लोग
जीवन की गीली और
महकती हुई मिट्टी को।

मुक्तिबोध

एक रग का राग

ज़माने की वक़्त और बेवक़्त
धड़कती धुकधुकी
नाड़ियाँ फड़कती देखकर
खुश हुए हम कि
बगासी और उमस के स्वेद में
भींगी हुई उकताहट-उचाट खत्म हुई
और कुछ ज़ोरदार
सनसनीख़ेज़ कुछ,
गरम-गरम चाय के साथ-साथ
मिल गयी ऐसी बात
जिससे कि ढीली रगें तन जायँ
भीतर तनाव हों
व विचारों का घाव हो
कि दिल में एक चोट हो
आये दिन ठण्डी इन रगों को
गर्मी की खोज है,
वैसे यह ज़िन्दगी
भोजन है, मौज है !!

समाज के जितने भी निन्दा-प्रवाद हैं
सब हमें याद हैं
हरेक का चेहरा व जीवन-रहस्य हम जानते
अन्ध कौन, बहरा कौन
एक नेत्र कौन कहाँ उठा है
सब हमें मालूम,
कौन किस उल्लू का कितना बड़ा पट्ठा है,
सब हमें मालूम

चाहो तो समाजी
शोषण-क्रिया की सब—
पाचन-क्रिया की सब—
अँतड़ियाँ
टेबल पर रख दें,
कि तुम भी निहार लो
व हम भी निरख लें
चाहो तो निज की ही
खोपड़ी की हड्डी के बक्से को खोलकर
आपके सामने
भेजा उतार दें कि भेजा उधार दें !!

लेकिन, अब लगता है यह सब व्यर्थ है
क्योंकि पी ज़हर यह
क्योंकि जी ज़हर यह
सुन्न हुई नाड़ियाँ
गयी आब, पानी सब गया सूख
हृदय में उदासी की फैली हैं मटमैली
कीचड़ की खाड़ियाँ !!
चक्के टूट गये हाय !!
ग्राम-रम्य-वृक्ष-तले
पिकनिक को निकली हुई
ज़िन्दगी की नयी बैलगाड़ियाँ
टूट गयीं निरुपाय !!
(सौन्दर्य छूता नहीं
शिराओं में हल्की-सी मूर्छा
चेतना निर्वीर्य !!)
दार्शनिक मर्मी अब
कोई सरगर्मी अब
छू नहीं पाती हैं
हमें तो अपने बैंक-नोटों की, सत्यों में,
बू खूब आती है !!
एकमात्र उद्देश्य—
हृदय की लुटिया से दिमाग की मोरी में
पानी डाल
जमी हुई काई सब निकालना !!

एकमात्र लक्ष्य कि विचलित न हो जायँ
विवेक सताये ना,
न ज़िन्दगी को बेचैन करे वह !!

असल तो यह है कि
कोई अर्थ मर गया देखते-ही-देखते
लेकिन वह
ज़िन्दगी का नक्शा पेश कर गया (हाय ! हाय !)
उसका यह प्रस्तुतीकरण भी सही है
संवेदन यही है, संवेदन का निवेदन यही है !!

पूर्व-युगों में भी ख़ूब बुराइयाँ रही आयीं
किन्तु, वे भीमाकार शक्ति-रूप
दिखलायी जाती थीं,
रावण व कुम्भकर्ण, शैतान
उनका ही रूप था।
उनसे डरा जाता था, उनसे लड़ा जाता था।
उनके विरुद्ध वह
पाप-भीरु मृदु-तन
बहुत कड़ा रहता था समुद्धत !!

किन्तु उसी अमंगल को आज सिर्फ़
सहा जाता ह्रास कह
आज वह मात्र व्यंग्य-रूप है
तर्क यह—
हाय ! वह सबका अंग-रूप है
सभ्यता-समाज का ही ह्रास है
इसलिए सहनीय मात्र निवेदनीय त्रास है
ह्रास में भी ख़ूब-ख़ूब मज़ा है,
आदमी की धजा है
व्यक्तिगत आलोचना-शील मन
जोड़ता है निन्दा-धन
जोड़ता है ज़हर और
कंकड़ और पत्थर और
कहता मैं गुणी जन
(हृदय में बैठा है चोट्टा कि मसीहा !!)

ऐसी आज आइडियॉलॉजी है
हरेक के पीपल के पास अब बैठा हुआ एक निज
सन्त निज पीर है
लक्ष्य समाजी है
प्रतिभा का जिन्न आज खूब जिसके पास है
सत्य की सर्चलाइट वह अनायास है !!

खेद है कि गलती सिर्फ़ एक हुई हमसे
कि ज़िन्दगी की रेती में किरचे मिले काँच के
तो मन में भी पूरा शीशा हम नहीं बना पाये साँच का
रत्न का टुकड़ा मिला किन्तु हाय
पूरा रत्न (अंश का पूर्ण रूप)
कल्पना में भी हम, ला नहीं पाये थे कि
खो गया टुकड़ा वह
खो दिये किरचे वे काँच के
ज़रा-ज़रा दर्द हुआ
किन्तु उस खण्ड का
पूर्ण अखण्ड, न मिल सका
कि इतने में खो गया दर्द भी !!
नसों और रगों व शिराओं की···
स्नायु-यन्त्र-गति में मन-बुद्धि गिरफ्तार
खँडेरों में छुपे हुए
किसी तहखाने में अजाने
खोजते हैं किंवदन्त-ख़ज़ाना
और इस पागल-सी खोज को
कहते हम सत्यानुसन्धान
—फजूल बात है
जब तक न चाय मिले
हमारी न होती कभी
हाय ! सुप्रभात है !!

कायरता व साहस के बीच

कायरता व साहस के—
जिन्दा हूँ बीच मैं,

पूनों और मावस की
निन्दा में मस्त रह,
सूरज और चन्दा से
बहुत-बहुत डरता हूँ !!
इसीलिए कभी-कभी
उँगली फिराने से
होंठ मुझे अपने ये
उस गोरी महिला के
बालदार होंठों-से लगते हैं,
जो महिला
कुलशील-प्रदर्शन हित
घर के कुछ सत्यों को ढाँककर
अन्यों के 'तथ्यों' का उद्घाटन करती है,
इसीलिए, स्वर को मैं यथा-साध्य
भद्रता की ललित
तडिल्लताओं में ऊँचा उठाता हुआ
आँखें लाल करके भी मुस्काता रहता हूँ।

सभ्य हूँ, सुसंस्कृत हूँ
आरामकुर्सियाँ चार
डाल दालान में
मित्रों के सम्मुख मैं
नित्य सत्य बनता हूँ
उग्र बहुत बनता हूँ
(सूर्य की उपमा ध्वन्यर्थ भरी
चन्द्र-किरन-उत्प्रेक्षा—)
अनदेखे हिमालय की अर्थ-भरी
चित्रात्मक समीक्षा कर
सफलता का मोर-मुकुट
खूब पहन लेता हूँ
(संस्कृति की
व्याख्या का
लैसंस
पास मेरे है)

डरता हूँ पग-पग मैं,

डगमग है मति इतनी—
आँखों में
उलट-पुलट होते हैं
मकान-घर-भवन सभी।
(मिर्गी नित आती है···
ज्वलत् रक्त अग्नि ज्वाल लाल देख
गहन जल अथाह नील ताल देख
सिर इतना चकराता कि
अभी-अभी गिरूँगा मैं)

यद्यपि कर पाता मैं
अपने हित उन्नति के
लिए न कुछ
(बड़े-बड़े मगरमच्छ
चट करते बीच में
फेंके गये दाने जो मेरे हित)
फिर भी देहान्त तक
जीवन-आयोजना बनाता हूँ
और इसी अनबूझे धतूरे के
जहरीले नशे में हाय
मुर्गी के नपुंसक पंख फड़फड़ाता हुआ
उड़ता हूँ उस बौने वृक्ष तक
किन्तु लाल कलगी से अपने ही,
अकस्मात् डरकर मैं
वापिस जमीन पर सिहर उतर आता हूँ !!
अभी मुझे कई बार
देने हैं अण्डे जो
दानव के पेट में विवश चले जायेंगे।
बनेंगे न कभी मुर्ग-मुर्गी वे
और मुझे किसी एक
अनपेक्षित पल में ही
हाय ! हाय !
मृत्यु-कष्ट-ग्रस्त-त्रस्त होना है !!
चाकू कलेजे में
घुसेगा और
अँधेरे के सघन-पर्त-परदे में

साँस बन्द होगी ही।

तब तक किन्तु
जीना है !!
साहस व कायरता
के बीच मुझे
ज़िन्दा ही रहना है !!
कल तक यदि रह सका मैं जीवित
एक और कविता लिख डालूँगा अनसोची अनकही।

ये आये, वो आये

[1]

ये आये, वो आये, ये चले आये
नोचते चले गये
चिंदी खींच चर्र से फाड़ते चले गये
मेरा बुश-कोट अब लत्तर है
उनके मैल-पसीने के हाथों से
लगातार बद से बदतर है
वे साहब हैं
मेरे इस बुश-कोट की आस्तीनें ग़ायब हैं !!

[2]

मैंने उसे खूँटी से उतार
दूर फेंक दिया
फिका कि दूरियाँ पार कर तिरकर वह
घूरे के पास एक
सूखी हुई तुलसी से चिपककर बैठ गया
पत्ती-बिन शाखों की तीलियों पर जा लटका
उलझकर फैल गया
उलटी रखी हुई झाड़ू-सी तुलसी पर
बुश-कोट इज्जत का
काँटों से खेल गया
मुझको फ़ज़ीहत में
अजीब ढकेल गया !!

[3]

किताबें पढ़ता हूँ लगातार
सूने में देखता रहता हूँ
कि मेरे ग़रीब उस कपड़े को क्या हुआ
कि मुझसे आज़ाद हो
घूरे पर खड़ी हुई तुलसी से किया प्यार
लगातार !!

[4]

इतने में दसवीं मंज़िल की सफ़ेद छत पर से
शिम्पैंज़ी
आता है सामने
हाथ में एक बड़ा पपीता है
दूसरे में पुस्तक है, गीता है।
पढ़ता है ज़ोर से
सब लोग तमाशा देखते हैं, शोर
सुनते हैं, जगत् थरथराता है !!

[5]

और मैं बिजली के खम्भे पर सहसा चढ़ जाता हूँ
ऊँचे बढ़ जाता हूँ !!
कहता हूँ मेरा बुशकोट मुझे ला दो तो
मैं जो सोया हुआ हूँ मुझको जगा दो तो
उगा दो तो !!

[6]

शिम्पैंज़ी-गीता के जितने भी शब्द हैं
उनका मैं अर्थ जब उलटाकर सोचता
तब वाक्य बन जाते हैं
मेरे तन-मन के इलेक्ट्रॉन
नाचने लगते हैं,
उन वाक्यों को पढ़ने और बाँचने लगते हैं !!

[7]

अजीब तमाशा है,
कहता वह कीश मुझे

मैं अनस्तित्व हूँ
तुम्हारे अस्तित्व का एक खण्ड-तत्त्व हूँ
तुम मुझे बाँटते रहते हो
और मैं बँटता चला जाता हूँ
एक से दूसरे के पास
दूसरे से तीसरे के पास
बँटता और बढ़ता चला जाता हूँ
मैं हूँ आत्म-संहार की शक्ति
पुरानी विरक्ति और भक्ति हूँ !!

[8]

इसलिए तुमने जो बुशकोट पहना था
सिर्फ़ एक गहना था
उसको तुम्हारे ही लोगों ने तोड़ दिया
और वह इज्जत का प्रतीक अब तुमसे आज़ाद हुआ
घूरे पर तुलसी पर बैठ गया
वह तुलसी जो उलटी रखी हुई
झाड़ू-सी घूरे के पास खड़ी हुई है
क्योंकि अध्यात्म के चोगे सब
अकादमी-कुर्सी पर शोभित हैं
इसलिए तुलसी वह निन्दित है !!
ऐसा एक चोगा अब तुम भी खुद सिलवा लो !

[9]

बिजली के खम्भे के सिरे पर चढ़ करके
ऊँचा बैठा हुआ
वह जो मैं खुद हूँ
धक्के से नीचे गिर पड़ता हूँ
एक आग धरती के भीतर से
अकस्मात् उभर-उभर उठ आती है
मैं फैल जाता हूँ
जलकर मैं सिर्फ़ एक गर्मी-सा लहराता
लहराता रहता हूँ !!

[10]

हवा में थोड़ा-सा काँप उठा मुस्काया !

छा गया !!
उलटी रखी झाड़ू-सी झाड़ी-सी तुलसी को
शायद वह भा गया !!
लेकिन मैं पूछता हूँ ओ तुलसी
तू क्योंकर मूर्ख हुई
आज जहाँ ढेर-ढेर घूरा है वहाँ कभी आँगन था
बच्चों का जन-मन था
तू क्योंकर सूख गयी !!
आज तेरे इस जमाने में तेरे न होने का
दुःख मुझे अब भी है
इसलिए, मेरा उत्क्षिप्त अब धारण कर
मेरे इस होने का पूरा निवारण कर।

भाग गयी जीप

भाग गयी जीप, तुम
टापते खड़े रहे
हाय ! अपने-आप पर
झींख-झख मारते
व काँपते खड़े रहे
ठेलमठेल धकापेल
भीड़ में भी बियाबान
सड़क एक सुनसान
और तुम ज़मीन में
गड़े रहे, गड़े रहे
खड़े रहे, खड़े रहे !

और यूँ ही अकस्मात्
निज के ही गाल पर
चपत एक जड़ दी
थप्पड़ एक मार ली
निज के गाल पर !!

"फोड़ो मत नारियल
शनिश्चर के सामने

मेरा भाल फोड़ लो
ईश्वर के सामने"
अभागे व भयंकर
वचन ये तुम्हारे
गड़ गये दिल में इस
दिमाग में हमारे

सच तो है, सच तो है
ठेलमठेल धकापेल !!

छूट गयी बस वह
चल दिये आगे लोग
बढ़ गये आगे लोग
फूल गये बढ़कर
फल गये चढ़कर !!
अरे, तुम्हें पीछे छोड़
नये-नये मोड़ पर
बढ़ने लगी बस वह।
खूब भागी, खूब दौड़ी
पहाड़ी के पास वह।

सच तो है कहना
ग़लत किन्तु भावना
कि जिसकी फ़िलासफ़ी—
बस में ही ठुँस जाना जिन्दगी की जीत है
व इस घिनी कसौटी पर कसकर
हावी हो गया मन अतः
यह आत्म-निन्दा स्वर !!
ग़लत यह दर्शन
ग़लत यह भावना

सचमुच यदि तुम
चढ़ जाते बस में उस
तुम्हारी ही प्यारी इस
झाड़-तले झोपड़ी
के लिए तुम हीन-रस

हीन-चित् हीन-सत्
उसी समय हीन-मति
तत्काल सिद्ध होते
वह तुम्हें कभी नहीं
अपने ठण्डे प्याऊ पर
स्नेह से पिलाती जल
हृदय का, प्राण का !!
तुममें कुछ
अच्छाई ही शेष थी
इसीलिए घबरा गये
पकड़ न सके बस
और वह छूट गयी
पीछे रह गये तुम !!

उन्नति के चक्करदार
लोहे के घनघोर
ज़ीने में अन्धकार !!
गुम कई सीढ़ियाँ हैं
भीड़ लेकिन खूब है
बड़ी ठेलमठेल है
ऊपर की मंजिल तक
पहुँचने में बीच-बीच
टूटी हुई सीढ़ियों में
कुछ फँस गये कुछ
धड़ाम-से नीचे गिर
मर गये सचमुच

प्रगति के चक्करदार
लोहे के घनघोर
ज़ीने में साँस रुक
जाने से स्वर्ग धाम
कई पहुँच गये प्राण !!

बस मिस हो गयी
कर गये मिस तुम
बहुत अच्छा हुआ यह

प्राणों में हमारे
समासीन पूर्ण तुम

समय के मारे तुम
केवल हमारे हो,
केवल हमारे हो !!

ओ मसीहा

ओ मसीहा !!
काल-गिरि-शिखर बैठे
तुम !!
पलकों में रमे विश्व-स्वप्नों की
विस्तार-दृश्यों की
सान्ध्य-स्वर्ण छाया ने
बदरंग घुमावदार
सियाह तकलीफ़देह
यथार्थ को, रँग दिया !!
और हमारे लिए
तुम्हारा वह तो रंग-स्वप्न-वैभव हाय
पाप-भार बन गया
मात्र ज्यामिति का
रेखाकृति-समस्या-रूप !!
अजीब सरदर्द
इतिहास-स्वप्न
विश्व-दृश्य-रंगों ने
भयानक ऊँचाई व
निचाई के
उतार-चढ़ाव भरे
खाई-खड्डवाले इस गुंजान प्रदेश को
मनोहर बना दिया !!
सुन्दर तुम्हारे लिए
अरे हम 'हम' होते हुए भी
दम-ख़म होते हुए भी
तुमसे लड़ना ही नहीं लड़ पड़ना है !!

इसलिए कि
तुम्हारा विश्व-स्वप्न
काल-दृश्य सन्ध्या-सी विशाल
झाँक मारता है
उषा-सा चमचमाता है
फ़ज़ूल गुलाल का अंचल पसारता
बदरंग यथार्थ पर !!

बदरंग यथार्थ
विद्रूप अर्थ
आ, छाती में जाग
तू भी सही है
पिता ने पाला
पर तूने पोसा है तुझी को पाया है
ज़हरीली नीली इस स्याही से
चेहरा यह धोया है !!
पूर्णता के स्वप्न की विशालतम मिथ्या ने
अपूर्ण को, फटे को, जीर्ण को
अपमानित भी खूब किया है कि
भयानक उभारा है

मनोहर तुम्हें ज़रूर
दीखता होगा यह विश्व,
सान्ध्य मेघों में बैठे तुम
लेकिन मसीहा ओ,
पेचीदा चक्करदार हमारे इस दर्रे को
हमें पार करना है
हाँफते हुए चढ़ना है चढ़ान
उतार पार करना है !!
बिल्कुल ही अनिश्चित कि
हम मरेंगे नहीं
कि हमारी देह
निचाई के खड्डे में पड़ी हुई
गिद्ध नहीं खायेगा।

फिर भी हम

डरते नहीं हमारी इस पीढ़ी के
घोर यथार्थ से,
तुम्हारे ख़यालों से
लेकिन खूब डरते हैं।
बहुत बुरा लगता है कि
तुमसे उपजकर ही
ओ मसीहा
तुमने अपने पापों का भार
हमारी ही पीठ पर उतारा है।
यही विरासत है,
ओ मसीहा
तुम्हारे इस ऋण को
चुकाना असम्भव !!
इसीलिए नमन है !!
चला मैं,
अब तुम
मुझे न अपने कन्धों पर
उठाकर बालक-सा बैठाकर
अपनी दिशा में न
ले जा सकोगे यह
निश्चित ही समझो अब !!

इसी बैलगाड़ी को

इसी बैलगाड़ी को पहाड़ी ढालों पर
चढ़ाता-उतारता बढ़ता हूँ मैं
इसी बैलगाड़ी को
बहुत दूर तुम
खींच रहे हो शहरी अँधेरे में
वही बैलगाड़ी
वहीं हाँकना
सिर्फ़ एक फ़र्क़ है
फ़र्क़ आबोहवा का

शहराती गलियों के घुप्प अँधेरे में

उदास उजाला है
बिजली की लटकती गर्दन का
बिजली के खम्भे के पास की गटर में
पहिया एक धँस गया
खम्भे से टकरायी व फँस गयी
बैलगाड़ी तुम्हारी···
हो-हल्ला है गली में
परेशान तुम, बहुत धकापेल बाद भी
गाड़ी नहीं निकलती
भार वह भीतर का
उलझे ख़यालों का
व गतिहीन दर्द का
शंका-ग्रस्त स्वप्नों का,
भय खाये पाप का
जंग-खाये ट्रंकों का, सटर-पटर माल-असबाब का

दूर उधर पहाड़ी चढ़ान की
अँधेरी ऊँचाई में
प्रभीषण एक मोड़ पर
बैल जब बिचक गये
झाड़ी में जा फँसी
गाड़ी यह हमारी
व हम कहीं खड्डे में जा गिरे
(ललाट पर सूजन की
छोटी-सी टेकड़ी
तुम्हें दीखती नहीं)

हमारी ऊँचाइयाँ ख़तरनाक !
एकाएक उपस्थित होनेवाले तेज़ मोड़
ग्राहक हैं जान के
फिसल गया पैर यदि
गिरे पाताल में ही चिन्हहीन

इस वक्त
परेशान हमने एक काम किया
रास्ते में एक ओर

कण्डे की लाल आग
टिक्कड़ लगी सेंकने
बहुत-बहुत परेशान थके हुए हम भी हैं।
लेकिन सुगन्ध उस
टिक्कड़ की ख़ूब जो कि
आत्मा में फैलती है
ईमान की भाफ़ बन !!

तम-भरी चढ़ान की सड़क से
ख़तरनाक बल खाते मोड़ पर
अनन्त दूरियों का संस्पर्श
लिये हुए हवाओं
से आलिंगित बैठे हम
अँधेरे में पहाड़ी
देखते हैं अग्नि में टिक्कड़ का सिंकना
माया का ममता का सहज चमकना
याद आता
भाई बहन माता पिता पत्नी का
वियोग में तड़पना !!

क्या करें अँधेरी ऊँचाई पर
हमारे अंग-अंग में
ख़ूब हवा खेलती
और उसके अनुषंग में
हृदय भी दूर-दूर लहराता रहता
क्या करें
ज़िन्दगी ही ऐसी है कि
सहचर-रूप में
हमारे साथ तारे हैं चाँद है व आसमान
अब जो तुम्हारे लेखे
आउट-ऑफ-डेट हैं
इसके लिए क्या करें
तुम्हारे हमारे बीच
फ़र्क़ आबोहवा का कि
शब्दों का अभिधार्थ
एक होते हुए भी

व्यंजना-लक्षणा-ध्वनि और—
मर्म भिन्न-भिन्न हैं
इसके लिए क्या करें हम लोग !

दूर उधर
किसी तमस्कण के
किसी तमस-अणु के
केन्द्र को छिन्न कर
तड़ित् की चिनगियाँ
निकालने के लिए तुम
अपने ही बालों पर
रगड़ते कंघियाँ
आह क्या प्रयोग है
दोनों हैं सधते
केश-प्रसाधन और सत्य का आविष्कार !!
यह आत्म-मन्थन भी ख़ूब है !!
कहते तुम, समुद्र है आत्मा
पर अगर सड़क पर
पशु-मूत्र-धारा हो वह तो
इसकी क्या गैरण्टी कि 'निज' वह
क्षुद्र नहीं
इसका क्या सुबूत है 'मैं' जो है सही है !!
इसका क्या प्रमाण कि
कहते जिसे आत्मा
अहं का न विक्षेप
स्वयं का न प्रक्षेप
किन्तु शायद हृदय में दुखते हुए
शून्य को सहलाने
प्रतीकात्मक कार्य में रत तुम
इसीलिए कदाचित्
स्वयं के बाल ओंछ
बिजली का चिड़चिड़ाता चमत्कार
व्यक्त करना चाहते हो !!

अपन दोनों भाई हैं
और दोनों दुखी हैं

दोनों हैं कष्ट-ग्रस्त
फिर भी तुम लड़ते हो हमसे !!
बैलगाड़ी एक है
और वही हाँकना
सिर्फ़ एक फ़र्क़ है
फ़र्क़ आबोहवा का

दूर उधर पहाड़ी चढ़ान पर
भरा हुआ कई मन
ताज़ी कटी फ़सलों का
गेहूँ है उत्तम
मनोहर कांक्षा का
सुगन्धित स्वप्न का
अनुशासी मन का
सच है कि स्वप्नों का
कांक्षा का फ़ैशन चला गया
किन्तु सभी लोग
चाहे धनी या गरीब हों
उन्हें ख़ूब चाहते
इसीलिए पहाड़ी चढ़ान की
अँधेरी ऊँचाई पर
घुंघरू बजाते हुए बढ़ते हैं
बढ़ते अटक-अटक
थके हुए बैल ये हमारे
विरुद्ध दिशा में तब
सड़कों की बढ़ती हैं लकीरें
गाड़ी के तले में।

एक ओर
भयानक खड्ड और
एक मील नीचे का अँधियारा गहरा
जुगनुओं के नील ज्योति-बिन्दुओं से चमकता
डर जाते हम भी ख़ुद
गिरने के ख़तरे से !!
जितनी ऊँचाई हो
अधःपात उतना ही सहज है

परिचित भी राह हो
अँधेरी ऊँचाई में
लगती अपरिचित
इस वक़्त किन्तु हम थके हुए परेशान
आज यहाँ लेटे हैं टीले पर एक ओर
पेड़-बँधे बैल मस्त करते हैं जुगाली
सोच रहे हम यहाँ
गति की प्रगति——कठिनाइयाँ
क्या करें हमारे विचार तब
पहाड़ों से आप-ही-आप उठ खड़े होते हैं
आसमान लिपट जाता सहसा
शिखर की उच्चता हमारे ख़यालों का मुकुट पहनती
क्योंकि दुर्घटना
अँधेरी ऊँचाई के मोड़ पर
अवश्य होती-सी लगती है
और बैलगाड़ी के पहिये भी बहुत बार
ठीक यहीं टूटते
होती है डाकेज़नी
चढ़ान अँधेरी पर
इसीलिए रायफ़लें सँभाले
सावधान चलते हैं
चलना ही पड़ता है
क्या करें !
जीवन के तथ्यों के
सामान्यीकरणों का
करना ही पड़ता हमें असामान्यीकरण

दोस्त, अब क्या करें
क्या बतायें
चढ़ान की ज़िन्दगी
बहुत ख़ूब होती है
सुदूर नील कुहरे का धुँधलापन ओढ़े हुए
आसमानी रंग का गिरि-रूप
धारण किये
भाव-विचार ये
उतने ही धुँधले-से मनोरम अस्पष्ट

कुहरीले नीलाभ
मनोहर आकर्षक
उतने ही ठोस किन्तु
उतने ही दृढ़ और
उतने वस्तु-सत्य-रूप हैं
माना कि चलन नहीं पर्वत-प्रतीकों का
पहाड़ी चढ़ान पर
ख़तरे की ज़िन्दगी
ख़ूबसूरत होती है
साहस की ज़िन्दगी (क्या करें !)
होती है रोमैंटिक
इसी बैलगाड़ी में प्रतिपल
खाते हुए दचके
कन्धों पर पट्टे कारतूस के
हाथों में रायफ़ल के बावजूद
साहस की ज़िन्दगी होती है रोमैंटिक
भय और शंका व आतंक
हममें भी निश्चित
क्योंकि यहाँ गिरोह डाकुओं के अकस्मात्
प्रगति को रोकते हैं
और हमें
गेहूँ ले जाना है मण्डी में जल्दी-से-जल्दी
कि जहाँ से सब जगह देश में
बँटने के लिए वह
रेल-मालगाड़ी में तुरत भरा जायेगा।

इसमें शक नहीं कि
भय और शंका व आतंक
तुममें भी !!
मूल्यों के गिरने से भय-खाये
तुम लोग
चिन्ता में रत हो
चिन्तन में रत हो
वचन-प्रवचन में रत हो
तुम्हारा ही शोर है
फिर तुम क्या हो !!

करते तुम क्या हो !! वही गुटबाजी है !!
(बेचैनी दिमाग में)
स्वयं के आन्तरिक
उलझे हुए गणित के आँकड़े
रचित पुनर्रचित होते हैं
अनेक नमूनों में।
क्योंकि वह प्रश्न ही
ग़लत तरीके से किया गया प्रस्तुत
अतः न होगा हल
दुःख तो यही है कि तुम्हें भय !!
किससे भय ?
सुविदित रूप से नहीं ज्ञात
सुस्पष्ट रूप से नहीं पहचानते हो
बुरे का बुराई का चेहरा
इसलिए घृणा न कर सकोगे
पर्याप्त
अस्पष्ट शंका है धुँधला है आतंक
इसीलिए एवज़ी स्थानापन्न
बहुतेरे कारण
लगा लिये खोज लिये जाते हैं
गिरफ्तार चूहा ज्यों भागता है लगातार
पिंजरे की चक्रव्यूह गलियों में बेचैन
(बाहर भाग सकने की बुद्धि ही नहीं है)
यही एक मौलिकता
व इस मौलिक वेदना में ख़ुश वह
अन्धा वह संवेदन मुक्ति की खोज का

हम इसमें ख़ुश हैं कि मुक्ति की तुम्हें खोज
विचार तुम्हारे सूक्ष्म
बिजली के बल्ब प्रतीकों में बँधते हैं
बँधने तो
तुम भी लड़ते हो
सुना है कि तुम भी ख़ूब
शहरों के लुच्चों से करते हो दो-दो हाथ
डाकुओं से हम भी तो लड़ते हैं
ताज़ी कटी फ़सलों का नाज

बचाने को
किन्तु तुम जड़ और ठस हमें कहते हो
क्योंकि हम सिपाही
क्योंकि हम गाड़ीवान
और तुम शहराती नुक्कड़ के काफे में
बताना न चाहते पहचान

इसमें क्या दोष है कि
प्रगति-भविष्य के पथ पर
रहते हैं तारे साथ
लिपटा ही रहता है आसमान
चिपका ही रहता है अन्तरिक्ष
खेलती ही रहती हैं बालों से हवाएँ
गाड़ी पर सविनोद
पास बैठ जाते हैं
फड़फड़ाते हुए पंख
गरुड़ हमारे साथ
ईगल हैं सहचर
बादल बदलते हैं नानारूप
साथ-साथ चलते-से लगते हैं।
किन्तु तुम असफलता कमज़ोरी हमारी
हृदय के भीतर की जेब की नोटबुक में
ज़रूर आँक लेते हो !!
ग़लत कारण ग़लत सूत्र,
ग़लत स्रोत प्रस्तुत करते हुए
सिद्ध करना चाहते हो
कि हम बिल्कुल ग़लत हैं
हमारा चलना ग़लत
ग़लत अस्तित्व ही !!
हम साफ़ कह दें कि
असल में यह है कि नागवार
गुज़रता है तुमको कि हम लोग
निरन्तर युद्धमान
जीवन के शास्त्र और शस्त्र हैं
ऐतिहासिक दृष्टि हैं, अस्त्र हैं
क्योंकि हम

देखते हैं अनिवार्य
मृत्यु उस सभ्यता की
जिसका तुम जाने-अनजाने नित
करते हो समर्थन !!
इसीलिए तुम हमें
सबसे बड़े शत्रु समझते हो !!
क्षमा करो, तुम मेरे बन्धु और मित्र हो
इसीलिए सबसे अधिक दुःखदायी
भयानक शत्रु हो।

एक फोड़ा दुखा

एक फोड़ा दुखा…
लहर एक दर्द की दौड़ गयी
लहर ने बुद्धि की किरण को जन्म दिया
किरणों ने ख़ूबसूरत सुसंगत
रुचिर नमूनेदार फूलदार जाला बनाया एक
रश्मियों के गुन्थन के ढाँचे ने
एक वाक्य पैदा किया
वाक्यों के गुन्थन ने सिद्धान्त बनाया
फोड़ा वह सिद्धान्त के अन्दर बैठा हुआ
एक काम सिद्धान्त का यह था कि
परवरिश करे वह फोड़े की
जम गया पपड़ी का ढक्कन तो
ज़बर्दस्ती खोल दे !!
दूसरा काम सिद्धान्त का यह था कि
प्रतिपादित करे वह औचित्य
फोड़े को तमगे का रूप देकर घूमने का
औचित्य !!

फोड़े का काम था
रक्षा करे चरित्र की वृत्ति-प्रवृत्ति की कि कहीं
उसमें परिवर्तन न हो जाय
दर्द ने जगह-जगह
फिट किये स्क्रू और ढिबरियाँ

पेंच और लोहे की छोटी-बड़ी
नलियाँ और छोटे-बड़े चक्र
और उसने बुद्धि के चक्र से
हृदय के चक्र को
दर्द के पट्टे से जोड़ दिया
बन गया व्यक्तित्व
उसका एक काम था
व्यक्तित्व के नाम पर
हो सके तो फोड़े को बढ़ाये
फोड़े को और-और पैदा करे
काल्पनिक क्यों न सही
और इन वास्तविक-काल्पनिक
फोड़ों के पहरेदार
बना दिये मन्तव्य, विचार, अभिमत

किन्तु इन सबके बीच
सामंजस्य सन्तुलन
रखने के लिए तब
उसने की निर्माण
महत्त्वाकांक्षा
और उसके चारों ओर
लघु-लघु कांक्षा के रख दिये मोहरे
कांक्षा ने पहन लिये
आदमी के कपड़े
कपड़ों ने करा ली थी इस्तरी
इस्तरी ने धोबी के महत्त्व को बनाया
धोबी गुरु हो गया
गुरु ने हृदय धोया
बुद्धि को स्वच्छ किया
धुले-पुंछे हृदय और बुद्धि ने
न्यायोचित बात की
अच्छी सलाह दी
अच्छा विचार किया

सबके पीछे किन्तु वह
भूत था फोड़े का

और उस भूत का
विकराल प्रतिबिम्ब
पड़ता था हृदय और बुद्धि
के अभ्यन्तर !!
दीख जाता सबको
सब पहचान जाते !!
और वह केन्द्रीय फोड़ा भी कहाँ था
उसका अनस्तित्व ही प्रधान था
स्वयं की वृत्तियों की
सुख-भोग और प्रतिष्ठा-भोग
एवं न्याय-भोग
और सत्य-सम्भोग
लालसा की ईजाद
फोड़ा था !!

गुँथे तुमसे, बिंधे तुमसे

वेदना में हम विचारों की
गुँथे तुमसे,
बिंधे तुमसे,
व आवेष्टित परस्पर हो गये !!
कर्मण्य-क्षिप्रा-तीर पर !!
···काई नहीं थे हम तुम्हारे किन्तु
सहचर हो गये
चाहे जलधि, पर्वत, हज़ारों मील की दूरी
हमारे बीच में आ जाय,
फिर भी मानसिक अदृश्य सूत्रों से
हमारी आत्माएँ परस्पर बात करती हैं
विचारों के स्वयं-संवेदनात्मक तन्तु-मूलों ने
गहन मस्तिष्क-कोषों में
हृदय के रुधिर-कोषों में
अनेकों सूक्ष्मतम जाले पसारे हैं व
अन्तर्व्यक्ति की रमणीय
ऊँची वृक्ष-शाखों पर
मनोहर फूल विकसित कर दिये···।

जीवन-जगत् उनकी महक में डूबता !!
अन्तःकरण के मेह-कुहरे के घने अँधियार में
अब तक छिपा था जो
धवल कैलाश
उद्घाटित हुआ सहसा
किरण, बर्फ व रंग-बिरंगे फूलों से आवृत
गहन रमणीय वह अस्तित्व
सारी मानवी सम्भावनाओं का स्वयं-चैतन्य
गहरी आन्तरिक सम्पन्नताओं का
धवल कैलाश
सामान्यीकरण का वह असामान्यीकरण
अनुभूत सत्यों का समन्वित संगठित हिमशिखर
उसके शिला-प्रस्तर से
सहस्रों झर रहे रमणीय
शत-निष्कर्ष !
शत-निर्झर !!

अन्तर-भार-नम्रा देवदारु-डगाल के नीचे
झुके हम और अंजलि भर
लगे पीने
तुम्हारे साथ
उस झरते हुए जल-रूप
द्युति-निष्कर्ष को
कि इतने में गहन गम्भीर नीली घन घटाओं की
नभोभेदी चमकती गड़गड़ाहट-सी हुई
अन्तर्गुहाएँ खोल मुँह चिल्ला उठीं
कहने लगीं—
पी रहे हो तुम हमारा सत
पी रहे हो गति
पी रहे हो चित
निष्कर्ष-निर्झर-लहर
प्राकृत, वन्य, और असभ्य है
वह मान्य ड्राइंग-रूम संस्कृति से तुम्हें हटवायेगी
वह कान पकड़ेगी, उठाकर फेंक देगी
अजनबी मैदान में
घरबार सब छुड़वायेगी।

तुमको अजाने देश में
गिरि-कन्दरा में जंगलों में सब जगह
भटकायेगी।
अजनबी स्थिति या परिस्थिति भी तुम्हें
सम्पन्न कर देंगी
अत: आदेश उसके मान
यदि तुम निकल जाओ
वह जहाँ भी जाय
वह जहाँ ले जाय
तो तुम पाओगे अभिप्रेत
संकट-कष्ट की चट्टान के भीतर फँसा हीरा
निकल, दमकायेगा चेहरा तुम्हारा श्याम
किन्तु यदि माना नहीं आदेश
स्वयं निष्कर्ष तुमको रगड़ देंगे
नष्ट कर देंगे
जहाँ रुक जाओगे।
तैं नहीं आधे किये जाते रास्ते
इस रास्ते पर धरमशाला डाकबँगला भी नहीं है
सत्य को अनुभूत करना सहज है
मुश्किल बहुत
उसके कठिन निष्कर्ष-मार्गों पर चले चलना
इसलिए इस अमृत निर्झर-लहर-जल को
और भी पी लो

हाँ, सुनो···
यदि व्यक्ति अथवा स्थिति
की जब-जब बेरुखी दीखे
सहज चलते चलो
सुन लो कि वे वीरान टीले हैं
व टीलों की कभी करना उपेक्षा मत
परस्पर संवेद्य आवेष्टित दशा में
शब्दश:
सुनते रहे हम गरज भीतर
व उसकी हर धड़क
कुछ हुए आतंकित
अत: कुछ भीति !!

पर, निष्कर्ष-निर्झर-लहर-जल में
काँपता था पूर्ण-मानव-चन्द्र
भर उठी थीं पुतलियों में चन्द्र-कनियाँ !!
पी रहे थे उस समय हम चन्द्र जल-धारा,
अतः थी भीति भी तो हो उठी मीठी
गहन आतंक हमको बुलाता-सा था !!

विचारों की शिराओं में
स्वयं उद्देश्य-संवेदन अकुला
हृदय में रक्त-कमल-विकास करता था।
गहन परिवर्तनों के लक्ष्य का
मन का जगत् का विश्व का
मानव-प्रदेशों का सतत
सुकुमार अनुसन्धान-पथ हमको दिखाता जायेगा
सम्मोह का दीपक
विवेकी अनुभवों के हाथ में जो किरण-तत्पर है
यह हमें विश्वास था।
लहर-जल पीकर
लगा कुछ यों कि कन्धों पर
स्वयं के चढ़ रहे हम स्वयं
यों ऊँचे उठे तो देखते क्या हैं
कि सारा विश्व-दृश्य बदल गया
या अन्तरात्मा ही बदलती जा रही।
बदलती हुई उस अन्तरात्मा का
अरे वह नव-विवाहित भाव-संवेदन
कि गहरी वेदना का संवहन-दायित्व
हमको ले चला निष्कर्ष-पथ पर और
लघु व्यक्तित्व के भीतर
लहरते क्षीण पोखर में
विराजित हो गया था सूर्य मुखमण्डल
विचारों के चरण में
                संचरण में
                        आचरण में और विचरण में

गहन तेजस् व ओजस्
        और ऊर्जा है

हमेशा खून ताज़ा है !!
······

वह ज्यामितिक रेखा
नभस् के पार जाती झलमलाती-सी दिखी
उत्साह के तारुण्य में
गणितिक हुआ अनुवाद अन्तर का
हमारे शून्य ने ऋण-राशि को निःसीम कर डाला
चलत् संसार के सिद्धान्त हम पर क्रुद्ध थे
ऋण-धन परे गणितिक पथों पर चल पड़े
हम प्रथम विद्रोही थे ज़माने से लड़े
नक्षत्र-पुष्पों-से दमकने ये लगे
उलझे हुए त्रैराशिकों के आँकड़े
जब-जब कहा
तब-तब ग्रहण लगने लगा
इस सूर्य को उस चन्द्र को !!

विक्षुब्ध बुद्धि के मारक स्वर

एक आवाज़

ये सब—हम हैं, यह ज़मीन है
        यह जगह जहाँ
                सब बँधे खड़े
जिनके मुँह से
प्रज्ज्वलित गैस-सी साँस आग
वे बड़े करिश्मेवाले
गहरे स्याह तिलिस्मी तेज़ बैल
तगड़े-तगड़े
अपने-अपने खूँटों से सारे बँधे खड़े।
यह खूँटा—स्वर्ण-धातु का है
स्वार्थिक ज्योति का है
आत्मिक प्रीति का है !!

जो दिव्य चिरन्तन अनन्त अब तक कहलाता
वह युगानुयुग से तना हुआ

कोमल उदार आकाश
मनोहर व्यापक स्वप्न
अरे कागज-छत-सा
वह अकस्मात् भभका
जल उठा किसी दुर्घटना से
वह दुर्घटना क्या है, क्या है !
आज के उठाईगीर ज़माने में दिन-भर
क्यों जी मितलाता रहता है !
वह भभक अचानक है
आदमी बदल जाने की यह प्रक्रिया भयानक है !

(अब स्वर्गारोहण करता रहता यह भूमिनाश का धुआँ)
हमने सब चीरफाड़ देखा
सब ताक-झाँककर देखभाल रक्खा
सबको नंगा उघाड़कर, हम भी उघड़ गये
सबको उधेड़कर, खुद उधड़े
अनुभूत सत्य के प्रेतों से भर गया हाय ब्रह्माण्ड कुआँ
क्या किया
हाय रे ! हमने यह क्या किया ?
जल गया नील आवरण
श्याम है गगन ।
काला-काला फैलाव दूरियों का सिर पर
लहराता स्याह सिफ़र
इस हाथ और उस हाथ ।
गम्भीर !!
हमारा चेहरा स्याह गोल धब्बा
जो चला हमेशा साथ, हमेशा साथ
हम किसी भयंकर उपग्रह के
टेकड़ी-शीश पर खड़े-खड़े
बिगड़े चिल्लाये एक-दूसरे पर
अपनों से खूनाखून लड़े ।
यह सही है कि वह गगन-दहन
था एक चरण युग का
वह युग जिसमें कि प्रजापतियों का
दृप्त व्यभिचरण था ।
यद्यपि काले शून्याकाशी फैलावों में

मानव-जग का था नाम नहीं
फिर भी, फिर भी,
दूर ही सही,
सुन्दर रहस्यमय चन्द्रलोक सामने
बराबर दिखता था
जिसका उड़ता प्रकाश-अंचल थामने
स्पष्टतर नये साहस-प्रसंग की क्षमता भी चाहिए
दीखता शून्य में कोटि योजनों दूर सूर्य
पर, उससे निज सम्बन्ध बनाने की इच्छा
को धमकाता रहता विचित्र-सा भय
विचित्र आशय—
"हमको अपना घूरा प्रिय है
निज के ऊँचे कचरे के ढेर-शीश पर ही
जीना मर जाना श्रेयस्कर
घूरे का घर, घर का घूरा
अपना-अपना सबको प्रिय है
बस उसी हमारी कक्षा में निज रक्षा है"
काले सूने उस अन्तरिक्ष बिस्तर
पर लेटा है बेफ़िक्र
अरे कोई विचित्र !!
वह कौन,
कौन वह
—हाँ निःसंग विराट्
ले रहा भीषण खर्राटे
हम सन्नाकर सुन रहे भयानक सन्नाटा
यह वही शून्य का ज़ोर
हमारी वर्तमानता का वह अद्भुत शोर
अनहद नाद
कि जिससे खीझे चिढ़े-चिढ़े
अपने भीतर ही धँसी नोंक से हमीं गड़े
अन्दर है एक भयद अटकाव
कहाँ हम जायँ !

थर्राता रहता विराट् हिम का जाड़ा
तन कण-कण में
वह दुष्ट ब्रह्म कर रहा ज़बर्दस्ती वसूल

हमसे तुमसे
यह रक्त-किराया, अस्थि-मांस-भाड़ा
धरती पर रहने का।
अब किससे टंटा करें
कहाँ हम जायँ
अपनों से ऐंठा करें
ज़िन्दगी···एक कबाड़ा है
भूतों का बाड़ा है।

दूसरी आवाज़

उलटा-पुलटा छिछला सतही जो ज़िन्दापन
पल-पल के क्षण-क्षण के अपव्यय का अन्धापन
जो एक असार्थक वृथा निरर्थक
निज-केन्द्रित जीवन-यापन का गन्दापन
वह चढ़ा धड़कते दिल पर जड़
चमड़े की मोटी परतों-सा
मढ़ गया···
क्या किया, जब रन्दे और बसूले से
ख़ुद को छीला
तो अपना ख़ून पिया
इसलिए, अनाशा की गहरी शैम्पेन
विनाशक़ नशा
स्वयं के गहन बोध की देन
ज़हरीला दुःख बहा
अपना ही ख़ून पिया।
पर, देख नहीं पाये शिखरों की आकृतियाँ
आत्मा की भूमि पहाड़ हुई जाती हो जब
मीठे-मीठे अंगारों की मनोज्ञ गतियाँ
तुम देख नहीं पाये उदार ज्वालाओं के सन्दर्भ
निज अंश-सत्य की खण्ड-प्रतीति सहारे से
पहुँचे उजाड़ सुनसान उदास कगारों पार
अपना सब कुछ हारकर
तुम देख नहीं पाये—जीवन की भव्य चमत्कृतियाँ

पहली आवाज़

उलटा-पुलटा छिछला सतही जो ज़िन्दापन

उसका मैं कर्त्ता कारक कारण या उपकरण नहीं
वह परम्परा-रूप में
परिस्थिति-घेरे ही-सा मुझे मिला
उस एक भयानक तक्षक के सर्पिल गुम्फन
में फँसी-बँधी भी चाय पी रही
शकुन्तला-उर्मिला।

सच, जन्म-कक्ष में शिशु की मेरी आँखों को
दिख गया खुली खिड़की में एक विरूपाकृति जानवर
उसने मुझको कमरे में से ही उठा लिया
ले गया घने पेड़ पर भयानक जंगल में
झुरमुट में जाकर छिपा दिया···
मानव-जग ही से चुरा लिया।
मेरा धाता-पिता और रक्षक वह वानर है
वह मर्कट दिव्य-सृष्टि-कर्ता
विघटन में रचना में उसकी विचित्र आकृति
मुँह चिढ़ा रही।
वह कवि भी है,
ब्रह्माण्ड-रेडियो स्टेशन के बरामदे में
उसका फोटो द्युति-छवि भी है,
पर कविताएँ गड़बड़ा रहीं,
प्रतिपल स्वतन्त्र व्यक्तित्व
स्वनिर्भर लीलाशील पूर्ण सत्ता
बड़बड़ा रही।
अनगिनत साथियों ने मेरे
देखे ही नहीं आत्म-तल में
नीलाभ झील-जल में
अपने चेहरे
कि जिसमें कभी एक मुनि को
दिख पड़ा अचानक मर्कट-मुख
अपना निज का
सन्ध्या के श्याम क्षुब्ध पल में गहरे-गहरे

ज़िन्दगी यहाँ—
अनसधा अनफला थका इरादा है
अच्छे-अच्छे प्यारे-प्यारे
दिल-भरे ख़यालों का बारीक बुरादा है।

दूसरी आवाज़

ओ घोर निराशा के अघोरपन्थी
तुम स्वयं स्व-कल्पित एक किंवदन्ती
या लावारिस लाशों की काली मोटर-ट्रक
जो स्वयं घोर-दृश्यों का सार-दृश्य बनती।
जो हारा हुआ ज़िन्दगी से उसका दिमाग़
हो उठे अरे, जब कभी ख़राब
जो एक ख़याली स्याह झाग
उसका हो उठे जब कभी ख़ौफ़नाक
तुम वही, तुम वही हो
नित खुली-खुली पर कुछ न देखती हुई आँख
गहरी निषेधवादी ज़हरीली तुम सलाख़
रात में उठे ख़ंजर की तेज़ ख़ुदकुशी हो
जिस व्यक्ति-मूल सभ्यता-क्षेत्र में रहते हो
उसकी आसन्न-मृत्यु
का एक इशारा तुम
कारावासी तुम स्वयं जगत् की कारा तुम

झूलने लगे जब व्यक्ति-व्यक्ति के आस-पास
गहरे-गहरे लम्बे-लम्बे शून्यावकाश
तब शून्य तरंगों अदृश्य लहरों का
अध्ययन वेदनाकारक है
मन की काली सूनी अकादमी में
कोई दिलचस्प नहीं आदमी में।
इसलिए, मनोबल-ह्रास, भयानक चारित्रिक
विघटन
से प्रेरित घोर कल्पनाएँ
विद्रूप कल्पनाओं से प्रेरित व्याख्याएँ !!
सच तो यह है
इन्द्रियानुरागी जीवन के पथ पर चल पड़े सभी
विक्षुब्ध अहं, विक्षुब्ध उदर
विक्षुब्ध बुद्धि के मारक स्वर !!

ओ अप्रस्तुत श्रोता

ओ, अप्रस्तुत श्रोता,
ओ अनुपस्थित पाठक,

मैं अन्धेर-कारख़ाने के
स्याह धुएँ के बहाव में से निकल भागते
अंगारे-सा
उड़-तिरकर चुपचाप तुम्हारी छत पर
चोरी-चोरी आ पहुँचा हूँ;
पर जलाऊँगा नहीं तुम्हें
मैं अपनी कविताओं से।

हाँ अन्धेर-कारख़ाना यह
जिसकी लाल भड़क बेताब धमनभट्टी में
झोंक, ख़ुद ही को रोज़
आत्म-हत्या करता है व्यक्ति
किन्तु वह मरता नहीं
वरन् वह पुनर्जन्म पा
विकसित करता नया एकदम नया
पेट, धड़, सींग, पूँछ और पंख
और फिर उड़ता फिरता चरता फिरता
ख़ूब बोलता फिरता
किन्तु,
द्वन्द्व-स्थिति में स्थापित यह
मेरा वज़नदार लोहा
लाल-लाल
उन भयंकर अग्नि-क्रियाओं में
तेज़ ढकेला जाकर
पिघलते हुए दमकते हुए
तेजःपुंज गहन अनुभव का छोटा-सा दोहा बनता है।
हाँ कि आज वह छन्द
नज़रबन्दी क़ानून मातहत
अवैध अस्वीकृत,
बस इसीलिए
मैंने ज़मीन के भीतर-भीतर
तहख़ाने के अपने घर की
एक भीत पर
उसे साफ़ दीवालगीरी-सा टाँग रखा है
लौ उकसा, उजियाल रखा है
मैंने चोरी-चोरी भीतर का रेडियम सँभाल रखा है।

आज अकेले उसी एक कोने में तुमको पाने,
ले जाने के लिए
तुम्हारे घर आया हूँ
ओ मेरे प्रिय पात्र !

मैं तुम्हें याद करता रहता हूँ
इस अन्धेर-कारखाने में
एक-दूसरे के दाँतों में दाँत फँसा
सैंकड़ों हज़ारों चक्के
तेज़ रगड़कर एक-दूसरे को
ख़ुद ही के आस-पास
हाँ, केवल निज के आस-पास
जब तेज़ घूमते हैं।
तब तब तुम्हें खोजने
मेरी आँखें इधर-उधर सब ओर भटकती रहती हैं।
सैंकड़ों परिधियाँ
एक-दूसरे के दाँतों में दाँत फँसा
जबड़े में जबड़ा डाल
घूमतीं गोल-गोल
निज केन्द्र-मध्य के आस-पास
हर बार वहीं-की-वहीं की-वहीं
और, वह उनका ऊँचा शोर
धुराधारी केन्द्रों का अपना ख़ुद का ज़ोर
नहीं कोई !!
अज्ञात तडित्-स्रोतों पर जिसका बल,
स्विच पर जिसका हाथ
मैं सिर्फ़ उसे देखकर
तुम्हारी करता रहता याद
तुम्हारी करता रहता याद

निज-केन्द्री गतिमय चक्रों का यह जो
ऊँचा शोर,
जिसमें देखा गया ज़माने का वह
सबसे ऊँचा छोर
परिभाषा, व्याख्या,
टीका, आलोचन

समष्टि-चिन्तन व व्यक्ति-चिन्तन
सभ्यता-समीक्षा, मानव-विश्लेषण
उन सब पर मुझे गहन आश्चर्य
कि इन चक्रों का साहचर्य
कितना उत्तेजित करता वातावरण
पर, मेरी दृष्टि उसी पर
जिसका काला लम्बा हाथ
स्विच पर है
मैं उसके दिल का सुनकर ग्रामोफ़ोन
तुम्हें करता हूँ याद
क्योंकि तुम्हारी हर मौक़े पर मदद चाहता हूँ ।
ऊँचे चक्के, निचले चक्के
काली चिकनी सौ बार ग्रीज़ खाकर
उदास होते हैं ख़ूब स्वाद लेकर ।
उदर भरकर निराश रहते हैं ।
अपनी वृद्धावस्था में देख नहीं पाते
सम्पूर्ण व्यवस्था वह
जिसके बेडौल शिकंजों की रफ़्तार
बनी भीतर की बिजली-धार
—भाव विचार !!

इसी अन्धेर-कारख़ाने में बनते हैं हथियार
···धारदार औज़ार बन रहे हैं
जो मस्तिष्कों, बुद्धियों, उरों के आर-पार होकर
शत अग्निकाण्ड-व्यापार बन रहे हैं ।
ये लाभ-लोभ की क्षोभभरी
पेट्रोल-टंकियाँ खड़ी हुईं
स्टैण्डर्ड शेल स्टैनवाक
जिनकी सहायता द्वारा कैसी भभक उठी
लायब्रेरी
हमारी ऊँची लायब्रेरी···

सात गुम्बदोंवाला एक सफ़ेद शहर
हो गया राख
सैकड़ों पुलोंवाली वह गौरवशाली बहती हुई नदी
धँस गयी—

ज़मीनी परतों की
भीतरी तहों में, वह जाकर फँस गयी
व उसकी जगह
तेल का-सा गाढ़ा-गाढ़ा समुद्र
मृत्यु-सागर
जिसमें है निन्यानवे फ़ीसदी
अमोनियम फ़ॉस्फ़ेट, घोर नायट्रेट
विषैली भाफ हवाओं में
जिसके कारण पक्षी भी उड़ते नहीं कहीं
आकाश-दिशाओं में ।

जी हाँ, यह वह
अन्धेर-कारख़ाना, जिसमें
बनते हैं जो हथियार
जो औज़ार
उनकी पूँजी ऊँची अन्तर्राष्ट्रीय
उस बड़े पेट का जी अन्तर्राष्ट्रीय ।
उन औज़ारों की नयी-नयी क़िस्में !!
···नयी-नयी क़िस्में !!

ओ, अप्रस्तुत श्रोता,
ओ अनुपस्थित पाठक !!
मुझे बताया गया
और यह कहकर ख़ूब सताया गया
कि मौत का घर
ख़ुद इन्सान ।
दुःख सनातन है
जो निज के कारण है ।

भविष्य-धारा

क्यों वैज्ञानिक सो गया
सतत प्रज्वलित गैस-स्टोव पास
स्वयं की प्रयोगशाला में ?
क्यों वह अचेत हो गया ?

कि कमरे में घूमने लगीं अदृश्य लहरें
वह महक अजीबोग़रीब द्रव्यों की
(अत्यन्त उग्र) सिर को चकरा देनेवाली।
है ढुली पड़ीं शीशियाँ, परीक्षण-नलिकाएँ
क्यों हुई भयानक घटना यह ?
क्या यहाँ किसी ने बेहोशी की दवा पिला
चोरी कर ली नव-गणित-पंक्तियों की अद्भुत
वे नव-आविष्कृत समीकरण के सूत्र
खो गये कहाँ !!

अनवस्था के भ्रम-धूम-लोक में जाग उठी आत्मा।
अनबूझे ऋण-एक राशि के वर्गमूल
की पाँतें चलती रहीं, भयानक गतियों में,
अत्यन्त विचित्र अनन्तों तक।
गणितिक ललाट की गहरी चिन्तित रगें उठी हैं फूल व
ब्लॉटिंग-पेपर पर बिम्बित अक्षर-वर्णों से
वे अंक दाग़वाले उलझे
हर भाव हृदय में फैल दाग़ बन गया।
खोये ही को खोजती हुई सन्त्रस्त सूझ
अभिनव कल्पित राशियों-राशियों द्वारा जब
जाती है करने भूल-सुधार कि कर आती
है एक दूसरी भूल
कि जिसके लिए कोसती रहती है
आत्मा निज को,
फटकार, चिड़चिड़ाहट, फिर गहरा उद्बोधन
भीषण एकान्तों में अपना संशोधन
निज पर ही वह निज का प्रयोग।

वे घूमघामकर फिर से वहीं
              जहाँ से चलीं
              कि फिर से वहीं
                            वही आतीं विचित्र गतियाँ
बस, वही कूल
वह रेत और वह गहरी ठण्डी हाथ लगी है धूल।

अपनी प्रयोगशाला में, वह वैज्ञानिक—
निज सूक्ष्म-तथ्य-मापन यन्त्रों के बीच
अचेत अवस्था में;
वह लुप्त समीकरणों की पंक्ति-अवलि-माला
में उलझ रहा,
सूझ की गुँथन मन में थामे,
जल रहा गैस-स्टोव, पास,
सूना कमरा गहरा उदास
नीली अरुणिम लौ की कलिका
पर एक परीक्षण-नलिका वैसी-की-वैसी
यन्त्र पर रखी !!
वह कौन ज़बर्दस्ती जिसने कर डाला है
यों अन्तर्मुख वैज्ञानिक को ?
बलात् काट दी स्वाभाविक
विजयिष्णु वृत्तियाँ बाह्योन्मुख
धोखा वैज्ञानिक सूक्ष्म बुद्धि को दिया ?
व कठिन परिस्थिति-पत्थर पर
उसके प्रतिभा-सिर को रगड़ा।
सिर को मूर्च्छा आ गयी
व मूर्च्छा के भीतरी जगत् में
वह चढ़ता जा रहा
प्रदीर्घ नसेनी पर रख पैर···
इतनी ऊँची इतनी ऊँची
वह टूटी एक नसेनी
नीले आसमान को छूती थी
उस भग्न नसेनी की दो लम्ब समान्तर रेखाएँ
नीले सूनेपन में सारी घुल गयी रही
काटती हुई उनको
तिर्यक सीढ़ी-रेखा
वह नीचे नीला शून्य···
खो गये पैर नसेनी के···
व ऊपर नीला शून्य···
खो गया सिरा नसेनी का
कहीं बीच में ग़ायब कुछ सीढ़ियाँ।
व नीले अधर अँधेरे में
शून्यावकाश की टूटी सीढ़ी से चिपटा

वह रहा वक्ष पर अन्तरिक्ष लेकर
कि चढ़ता रहा
गगन में ले निज संग जादुई दिया
वह वैज्ञानिक नाम का अब !!
व उसका सत्य
हमारे कहाँ काम का अब
कि शायद, वह मर गया।

अकस्मात् खड़के खिड़की के दरवाज़े
कुछ शब्द उड़े, धड़के क्षण-भर,
फिर मरे कि फिर जी उठे !!
रासायनिक गन्ध-लहरों की उग्र वक्र
सलवटोंभरा
सूनेपन का चेहरा चिन्तित हो गया।

खिड़की के शीशे की चौखट में से झाँकी
कोई सूरत भय से पीली, भय से ख़ाकी
ख़तरे के धक्कों की रेखाओं के चक्कर
उस चेहरे पर

वह मैं ही था
मैंने अपने को पाया प्रयोगशाला में।
रक्तिम भीतों के द्वारों पर रक्तिम परदे
मानो रहस्य का रक्त-कोष वह दर्दभरा
फिर भी उसमें आईना साफ़-स्वच्छ निर्मल
जिसमें अपना चेहरा जो भय से सर्द-हरा
मैंने देखा
वह भय ? काहे का डर ?
कि कौन-सी आशंका ?

इस एक प्रश्न ने अकस्मात्
दूसरे प्रश्न के खोल दिये हैं द्वार
वे समीकरण के सूत्र
खो गये कहाँ ?
वह नव-आविष्कृत गणित कहाँ खो गया ?
रगों में स्फुरित एक तेज़ी से मैं सत्वर हो उठा

कि खोजा तब कोना-कोना
टेबल, ड्राअर, अल्मारी स्थल सब सम्भावी
पर कुछ न मिला
झटकारता हुआ हाथ
हाय !! मैं हार गया !!
भीषण चोरी !!
यह हानि कभी भी नहीं भरी जा सकती है
क्या करूँ !!
वह वैज्ञानिक
कुर्सी पर ढहकर गिरता-सा
टेबल पर झुक सिर थामे वह काठ-सा खड़ा,
सम्पूर्ण परिस्थिति पूरी स्थिति तौलता हुआ
मैं था पत्थर-बाँट-सा अड़ा !!
भीषण चोरी
मानव-हत्या
यह पुलिस केस···
पहचान सकेगी पुलिस नहीं यह हानि
फिर असन्दिग्ध यह नहीं कि चोरी किये गये
मिल जायेंगे वे मूल्यवान काग़ज़ अवश्य
भागो, दौड़ो, लपको, झपटो,
ढूंढ़ो, खोजो।
मैं भय आशंकाहत पिछले दरवाज़े से
ऐसे खिसका मानो शरीर से गुपचुप
खिसक जाय आत्मा
यह आत्म-लहर चल मीलों पार कहीं पहुँची
खोजती हुई सब ओर अभिलषित वस्तु स्वयं !!

बिल्कुल सफ़ेद
वह खिली हुई थी धूप;
झाड़ियों की छायाओं के धब्बे
थे ऊँघ रहे
उस पिछवाड़े के जंगल में।
मानो सफ़ेद-झक काग़ज़,
उस पर तसवीरें
दाग़ों की ही।
वह हवा चल रही दबी-दबी।

अति दूर एक इमली के श्याम वृक्ष-पर्वत
के सघन तले
चंचल बालक खेलते···
कि हूँ गुपचुप
मानो मुझसे ही मैं छुप-छुप चल रहा
न सूझा कुछ इसलिए स्वयं
मैं खड़ा हुआ देखता बालगण रहा···
कि इतने में
चंचल हँसती कोई छाया
कोई नव बाल-मित्र आया।
कापी हाथों में, एक चित्र चमकीला है
मैंने देखा शायद कि भाग्य की लीला हो
दिल धड़का
मन फड़का
सहसा पैर बढ़े
मुँह खुला
स्निग्ध भाफ निकली,
जय हो ओ महावृक्ष इमली !

खुश रहो कि न सही श्वेत-वस्त्र,
चिन्दी ही हाथ लगी !!
ये हस्ताक्षर वैज्ञानिक के
काल्पनिक राशियाँ क्वाण्टम की
ये—पी.के.जे.
यह आर. रेडियस का
ये अंक-पंक्ति के चित्र अनेकों रूपों में !!
पर यह क्या है ?
ये काव्यात्मक पंक्तियाँ अंक के जंगल में
कैसे सुलगीं !!
यह क्या है कुछ आत्मचरित्रात्मक गहरा,
अंकों पर भी मन के डंकों का पहरा है!!

मैं हूँ पहाड़ की चोटी पर
हाथ में उसी वैज्ञानिक की
बस वही गणित-कापी विचित्र
ले खड़ा हुआ।

पास में भव्य दानवाकार तोप-सी एक
मुँह ऊँचा किये रश्मि-तृषिता
वह दूरबीन
देखती खड़ी तारे नवीन !!
गुरु के ग्यारह चन्द्रों में दो को ग्रहण लगा।
उस वैज्ञानिक के समीकरण
सूत्रों के सत्य-परीक्षण में संलग्न यहाँ
देखता हूँ कि
काले पहाड़ के पीछे से
रात्रि के गोल गुम्बज का स्याह किनारा ही
चिर गया व उस गहरी दरार में से भीतर
अपरिसीम दूरियाँ
महकती हुई सचेत प्रवाहित हो
गम्भीर गहन ध्वनि-आन्दोलन कर उठीं

एक-एक ध्वनि-तरंग अनुवादिता प्रकाश-तरंगों में
वे आसमान में रंग-बिरंगी प्रतीक शत
ज्यामितिक भिन्न रूपाकृतियों में नाच उठे
क्षण उद्‌भासित
क्षण त्रिलयित
पुनः प्रकाशित वे
काले पहाड़ की चोटी को
उद्‌भास-क्षणों तम-हायफ़नों द्वारा नभ से जोड़ने लगे
तब मुझे भान हो उठा
कि कोट्यावधि नेत्रों से बिल्कुल दूर हटा
सैकड़ों पीढ़ियों की आँखों से कर ओझल
जो ढाँका गया छिपाया गया ज़बर्दस्ती
कोई रहस्य
प्रस्फुटित हुआ कि एक-एक प्राप्त कर वेग
प्राप्त मस्ती
कि दाबे गये भाव-अनुभव की गहन वेदनामयी महक
लेकर अपार दूरियाँ अतल विस्तार विचारात्मक
हैं फूट पड़ीं
शब्दाभिव्यक्ति, पर, मिल न सकी
इसलिए रंग-संकेत किरण-भाषा में नाच उठीं !!
वे भावविभोर···

अब दुनिया के सामने !!

अब यह मेरा कर्तव्य
कि रंग-बिरंगी इन
शत किरण-तरंगों को
गणितिक भाषानुवादिता कर डालूँ
फिर उनकी गणितिक अभिव्यक्ति
साहित्यिक शब्द-रंग-ध्वनि में बदलूँ पर यह
आश्चर्यजनक प्रक्रिया
और भी महद् बृहद् आश्चर्य प्रसूत
कर रही है
अनुवादित गणितिक अंक
यहाँ देना फ़ज़ूल है,
वे क्वाण्टम की राशियाँ
कि मस्तक-शूल तुम्हारे लिए कठिन अत्यन्त।
प्लैंक्स कॉन्स्टेण्ट-हाशिया
अंक देना यह फ़ज़ूल···
ज्यों वैज्ञानिक विचार-यात्रा
नव विद्युत्-चुम्बकीय जगत् से
अणु-केन्द्रीय जगत् में पहुँची थी
त्यों आप भी सहज
केन्द्रीय जगत् में जायेंगे।

ध्वनि से छन किरण-तरंगों में
परिणत हो गणितिक अंकों में !!
उस वैज्ञानिक के स्वर भाषा में अनुवादित
मैं मात्र एक सम्पादक हूँ।
यह निर्वैयक्तिक कार्य।

घने अँधेरे में सुदूर गैसलाइट-सा
वह जल रहा सूर्य
अकेली नीली किरणें फेंक रहा है
नीली-पतली।
उड़े हुए काले रंग-सा है अपरिसीम
वह दिगवकाश
रश्मि-विकीरण नहीं स्याह शून्य में यहाँ

गुरुत्वाकर्षण विविध ग्रहों के
दिगवकाश की सचिन्त
सलवट रेखाओं से
गतिविधि पैदा करते।
बहुत देर के बाद,
बहुत दिनों के बाद,
कई प्रकाश-वर्ष-गणना के बाद
एक कहीं कोई नव अतिथि
कि आता ज्योति-जगत्
तब तिर्यक पथ संवेदित
होने लगता उसका
तब ब्रह्माण्ड-धूल के
मद्धिम धुँधले परदे
उजल-उजल उठते हैं आगत किरणावलि से।

भव्य कुण्डली मार
दीप्त ब्रह्माण्ड-नदी के तेजस्तट पर
खड़ा हूँ मैं
वैज्ञानिक
देख रहा हूँ तुमको।
और कि तब छाया मेरी
ब्रह्माण्ड अनेकों पार
दूर पृथ्वी पर फैल रही है
जहाँ कि तुम हो

काल-दिक्-नैरन्तर्य-शिखर से बोल रहा हूँ।

ओ विराट् के कथित
खण्ड बननेवालो
आततायियो
स्वयं-महत्त्वशालियो
अरे, तुम्हारी छाया दूर नेब्यूला में भी
मैंने नापी
और, वही पाया जो सचमुच तुम हो,
गटर-गिरे, मिट्टी के ढेले के स्पेक्ट्रम हो।
यद्यपि विष प्रदान कर तुमने

हत्या कर दी मेरी, वैज्ञानिक की
फिर भी मैं जीवित हूँ
परम्परा-सा
मेरी एक भाव-धारा है।
नव-आविष्कृत समीकरण के सूत्र
चुराकर जला दिये तुमने,
बेबिलॉन-उर-इलाम-पर्सिपोलिस ललाम
तब्रीज़ सिकन्दरिया की लाइब्रेरियाँ जलीं
पर आसमान श्यामल में ग्रह-तारामण्डली
असंख्य दीप्त नक्षत्र सूर्य-अवली
ज्ञान-सूत्र में बँधी व बँधती गयी
यद्यपि बुद्धि बधिक
क्षण विजयी थे,
अब भी हैं।
अब उनका काम—
लोक-मस्तक में काले भ्रम-आवर्त
सतत पैदा करना !! पर कब तक
इतिहास नहीं लेता पल-भर आराम
वे समीकरण के सूत्र पुनः आविष्कृत होंगे।

मेरा क्या था दोष ?
यही तुम्हारे मस्तक की बिजलियाँ
अरे, सूरज गुल होने की प्रक्रिया
बता दी मैंने
सूत्रों द्वारा।

तुम्हारा अन्तिम दिन अ-रोक आ रहा
दुष्ट भाव का सर्प हृदय से कण्ठ
कण्ठ से आगे उस मस्तिष्क-कोष में घर बना रहा
तुम्हें मृत्यु-अक्षर सफ़ेद
दिख रहे क्षितिज पर स्पष्ट
व बड़े-बड़े !!
लेटे-लेटे औ' खड़े-खड़े
चलते-फिरते सोते व जागते
उन्हें देखते हो।
सुनो कि तुम पीली दिवाल पर

परछाईं जुलूस-से सूने गुज़र जाओगे
और तुम्हारे अत्याचारी मुख के चित्र
अमर्त्य रहेंगे
चट्टानों की परतों की सतहों के भीतर
फ़ॉसिल बनकर !!
किन्तु अभी तो
एक कठिन विस्तीर्ण ठूँठ
से खड़े हुए तुम यद्यपि
—जड़ें बहुत बूढ़ी हैं
किन्तु बहुत मज़बूत
चूसतीं प्राण धरित्री के
हज़ार सूखी शाखाएँ या हज़ार बाँहें
पंजे औ' उँगलियाँ
किसी दुष्ट तान्त्रिक की नृत्य-हस्त-मुद्राएँ
मानो नाच रहीं
नभ-नीली पार्श्वभूमि में बिदा तुम्हें।

यद्यपि इधर-उधर कुछ अटके पात
इधर-उधर की शिखर डालियों में
किन्तु भीम तुम ठूँठ किसी आघात
वात से अधःपतित होगे।

अतः सुनें ठूँठ के आश्रयान्वेषीगण
सघन लता-से ऊर्ध्वोन्मुख
झंखाड़-ठूँठ पर चढ़
महसूस कर रहे हैं सर्वोच्च स्वयं को।
सुनें वे कि जो अपने अन्तर
में बसते सहचारी अनुभव
के निर्णय सुनने की क्षमता
क़तई नहीं रखते हैं !
सुनें वे कि जो वर्तमान ढूहों के खँडहर
से यों आतंकित
कि पत्थरों के आकार व ईंटों के घनरूप
देखकर दब जाते हैं
सुनें वे कि जो दबंग अत्याचारी मुख की
सलवट-हलचल ही से भय खा

अपने अनुभव-संवेदन को त्याग
यूँ ही अजनबी विचारों साथ
बहे जाते हैं।
सुनें वे कि जो
नित्य अन्य की देह-शिरा में
रक्त-नसों में—एक अजनबी
हृदय-स्पन्दन से धक्के खाकर—
रग-मार्गों में घूम रहे हैं
सूक्ष्म-श्वेत जीवाणु सरीखे
परोपजीवी

लाभ-लोभ-यश-अहंकार के
चक्कर में ये विभव-विलासी किन्तु साथ ही
साँस-साँस में उन्हें चिरन्तन दुःख कि दचक गया है
पिचक गया है
आत्मा का घट
वे विराट के कथित खण्ड
हैं-पोले अटपट
फिर भी उनमें से कुछ की मरी नहीं है आत्मा,
फिर भी हुआ नहीं है खात्मा !!

अतः सुनें वे लोग···
कि मेरे कुछ अभियोग
जो कि उन पर हैं

लोगो—
एक ज़माने में जो मेरे ही थे;
बहुत स्वप्न-द्रष्टा थे;
कवि थे, चिन्तक और क्रान्तिकारी थे
क्या हो गया तुम्हें अब—
प्रतिदिन कर उपलब्ध सत्य
अब खो देते अगले क्षण ही
निज द्वारा अनुसन्धानित होते हैं अन्तर्हित
बाहरी ज़िन्दगी के हो-हल्ले-मेले में
अपने अनुभव के पुत्र गवाँ देते हो क्यों
क्यों बिछुड़े तुम अपनों ही से !

जिस आत्मज को
कन्धे पर रख
तुम गये घुमाने वहीं हुईं,
दुर्घटनाएँ—वह ग़ायब था
कन्धे पर अब रह गयी मात्र उसकी छाया
या शून्याकृति
जीवन की श्यामल खानों से
मणि-रत्न निकाले, पर ज्यों ही वे प्राप्त हुए
क्षण भर चमके
मानो कि चन्द्र-मणि प्रद्योतित
पर, जाने तुमने कहाँ अटाले में डाला
वे बुझते चले गये आब खोकर
ऐसा क्यों हुआ ?
गहराई में धँसकर तुमने
मननीय या कि महनीय
निकाला जो भी था—
जाने किस गड़बड़ में तुमने खो दिया उसे
अपने ताज़े-जनमे शिशुओं को
खानेवाले अनेक पशु
आत्मा भी सत्य अनेक
इस तरह खाती है।

वह काले-काले बाल-ढँका
अत्यन्त प्रदीर्घ मूर्ख जबड़ा।
दाँतों के बीच-बीच लहराते रक्त-ताल
मुख-अन्तराल में जिसके वह माता शूकरी
तुरत खा गयी
ताजे-जनमे पुत्रों को ही।
चमकदार पथरीली आँखोंवाली वह
उद्दण्ड चतुर मार्जारी भी
सद्योजातों को हड़प गयी
उसकी मूँछों के लम्बे-लम्बे बाल
रक्त-से स्नात
वह मूर्ख शूकरी और चतुर मार्जारी भी
अन्तस्तल की वासिनी तुम्हारी है।
अब अनुभव-जनिता तड़िताघात ज्योति

में आस्था रह न गयी
इसलिए कि आत्मा
एक चोर-संचालित संस्था
लोभ-लाभ यश अहंकार के स्रोत
आज संगठक और संरक्षक हैं
इस संस्था के
इसलिए छोड़ अपना स्वदेश वह वास्तव अनुभव-लोक
गये दूसरी ओर
दूसरे शिविर में।

लोगो, एक ज़माने में
तुम मेरे ही थे
बहुत स्वप्नद्रष्टा चिन्तक थे कवि थे
क्रान्तिकारी रवि थे !!
अब कहाँ गये वे स्वप्न
उन्हें किस कचरे के ढीह में
यत्नपूर्वक जला दिया
उदरम्भरी बुद्धि के मलिन तेल में
स्वयं को गला दिया धातु-सा।
इस विषम-जगत्
के शोषित पथ
की करुणाओं से जब आत्मा
में गर्भ-धारणा हुई
व सत्य-भ्रूण उन्मुक्त विकसने लगा
कि तब,
तुम लज्जित थे।
तुम भ्रूण अवैधानिक समझे
उसको इरादतन गिरा दिया
आँख से दूर
तब तुम उस पुल पर गये
कि जिसके नीचे के तल में
शहर की सभी नालियों का नाला
काला गँदला बहता जाता !!
कि जिस पुल की मुंडेर से लगकर डिसपेन्सरी
हवा से डरी
अँधेरी, चौकस,

एक मूँछवाली डाक्टरनी !!
गिरा दिया तुमने इरादतन भ्रूण
दूर, आँखों से ओझल शून्य एक रात में !!

तुमसे विभिन्न वे मेरे हैं प्रियजन
जो यद्यपि शैल नहीं न शिला-से
भव्य !!
वे साधारण मिट्टी के कण
पर उनमें गतिमय तडित्-बुद्धि उर्मिला
ओ मेरे प्रियजनो
मेरे अपनो
तुम नहीं राजसिंहासनस्थ
तुम नहीं भव्य
तुम तुच्छ और तुम क्षुद्र
किन्तु तुम रुद्र
कि तुम हो भीषण क्षोभ
अग्नि के हव्य
तुम काल-सिंह-आसनस्थ !!

तुम मेरी परम्परा हो प्रिय
तुम हो भविष्य-धारा दुर्जय
तुममें मैं सतत प्रवाहित हूँ
तुममें रहकर ही जीवित हूँ
तुम मृत न मुझे समझो।

मेरी भविष्यवाणियाँ सुनो !!

उग रहा तुम्हारे अन्तर में सिर उठा,
एक कण्टक-पौधा
जो ठाठदार
मौलिक सुनील—
वह मैं ही हूँ !!

वह ऊँची एक नील कोंपल
जिसके प्रदीर्घ पत्तों में बड़े-बड़े काँटे
औ' पत्र-कगारों पर ऊँचे खुरदुरे शूल

कि पत्तों के पिछले हिस्सों पर
सूक्ष्म बहुत बारीक
कण्टकावलियाँ
वे सोने तुम्हें नहीं देंगी
चलते में फिरते में
उठते व बैठते में
सोते में खाते में
वे चुभती जायेंगी।
कि धारणकर अन्तर में कण्टक-तरु
चेहरे पर धूप-धल औ' मरु-प्रसार
चमकेगा !!
चट्टानी चिलचिलाहटें होंगी आँखों में !!
हाथ-पैर ये धूल-सने बन जायेंगे।

नीला पौधा—
यह आत्मज
रक्त-सिंचिता हृदय-धरित्री का
आत्मा के कोमल आलवाल में
यह जवान हो रहा
कि अनुभव-रक्त-ताल में डूबे उसके पदतल
जड़ें ज्ञान-संविदा
कि पीतीं अनुभव
वह पौधा बढ़ रहा
तुम्हारे उर में अनुसन्धित्सु क्षोभ का बिरवा
वह मैं ही हूँ !!

इन नील सकण्टक पत्रों में है इत्र।
प्रेम का
भव्य ज़िन्दगी का सत है।
कि तेल प्रदाहक है प्राण के नेम का
पर काँटे हैं—
विक्षुब्ध ज्ञान के तीव्र
उद्विग्न वेदनापूर्ण क्षोभ की नोक···
···वे चैन न लेने देंगे !!
जब किसी निदारुण तेज़ हवा के झोंके से
डालियाँ हिला

लहरायेगा विक्षुब्ध नील पौधा
···संविद्ध हृदय
तब प्राण-प्रदाहक तेल-क्षोभ से एक
रासायनिक भाफ-सा भभक
भक् से उड़ जाता-सा प्रतीत होगा।
बेचैनी में
लहराते काँटों द्वारा वे
फट जायेंगे गहरे परदे
सब भीतर के।
तब कहीं वास्तविक अभ्यन्तर
जो भी कुछ है
प्रत्यक्ष उपस्थित सत्ता-सा
भास्वर होगा।
तब जड़ीभूत आन्तरिक व्यवस्था के पत्थर
अनवस्था की परिणति में
रोते जायेंगे
वे सतही सामंजस्य, मार
चीख़ जंगली,
एक झटके में ही
टुकड़े-टुकड़े हो जायेंगे।
औ' जीवन-मन के सुन्दर-सुन्दर समाधान
सन्तोष और सन्तुलन
रुचिर औचित्य, उचित अभिरुचि के रंग
कि रंग-बिरंगे काँच-कंगनों-से
सब छिन्न-भिन्न होंगे।
महसूस करोगे तभी
कि शीर्ष-कुण्ड में धधक
ज्वाला प्रभीम जग उठी।

ये अनुसन्धानी जड़ें
तोड़ देंगी चबूतरा
और वहाँ से पकड़ पृथुल दीवार
चढ़ेंगी शिखर
व फोड़ देंगी गुम्बज
फाड़ देंगी अन्तराल
औ' लाख-लाख-फूलों के पीले नेत्र

गूढ़ जिज्ञासा के
देखते रहेंगे सारा बंजर प्रसार

प्रियजनो
मेरी भविष्यवाणियाँ सुनो
तुम मेरी परम्परा हो प्रिय
आगे बढ़नेवाली दुर्जेय !!

वे उन्मूलनकारी हैं तीखे शूल···
वह क्रियावान वेदना
तुम्हें भटकायेगी
कि देश और देशान्तर में
महकती हुई पागल किसी गन्ध के पीछे दौड़े जाओगे
वनाच्छन्न पाताली प्रान्तर में
तुम किसी रत्न के पीछे
दक्षिण दिशा करोगे पार
अन्धकार यम-द्वार पारकर आओगे ।
औ' नियम-उपनियम-यम उदार
खोजकर लाओगे रत्नान्वेषण के
मिट्टी के ढेले में किरनीले कण
तुम उठा लाओगे युरेनियम-रेडियम
किन्तु तब काले होंगे हाथ
जलेंगी सभी उँगलियाँ और
मात्र स्पर्श से मात्र महक से ही
मिट्टी के पत्थर के स्तर की आयु
बता सकोगे
पृथ्वी के भीतर तल के स्नायु
किन्तु मटमैली श्याम हथेली पर घट्टे होंगे
चेहरे पर होंगे दाग़ स्याह काले
तभी निज भद्रवर्ग से होगे तुम बाहर
देहाती-जैसे पैर
गठीले रस्सीले होंगे ।
अज्ञातवास बारह वर्षों का निश्चित है
तुम घर छोड़ोगे, पत्नी छोड़ोगे
पैसे-पैसे के लिए पेट के लिए मरोगे और
साथ न छोड़ोगे पागलपन भी

अपने मन का।

मन की कुठार अनुसन्धानी
खोदेगी तोड़ेगी ढेले-टीले

वह बेचैनी की लौह-नोक है चमकीली।
वह नदी-नदी के घाट ले जायेगी
खेत-खेत कोयला-खान में घूमोगे
मरुभूमि और सूखे पहाड़ के शिखरों पर
तुम भटकोगे।
भौंहों पर खूब धूल होगी।
उन परित्यक्त गाँवों में भी
अत्यन्त सघन आधुनिक नगर के ध्वस्त भयद
पिछवाड़े की गलियों में भी
मलिनान्धार में भटकोगे।
वह क्रियावान वेदना
तुम्हारे चेहरे पर
पोतेगी चिन्ताभरी अनेकानेक कालिमाएँ !!
तुम नित्य विचारों को आचारों में परिणत
करने के हित
नैतिक स्व-भान औ' विश्व-भान में होकर रत
तुम उलझोगे दुनिया के उन
लोहे के काले पुर्ज़ों-जैसे सटर-पटर
असबाब-अटाले-जैसे प्यारे नारी-नर
तुम उन्हें मोड़ना और जोड़ना चाहोगे !!
तुम उसी उपेक्षित मानवता की काल-कोठरी में
रोना भी चाहोगे।
पर अपने वर्ग-क़बीले से तुम बिछुड़ोगे !!
भूमि के गहन-गर्भान्धकार में घुसकर तुम
कोयला-खान में पहुँचोगे
साँवले हाथ होंगे, कजलाया मुँह होगा।
औ' काजल-तेल गाल पर भी
तुम निन्दित नित्य रहोगे,
लांछित भाल
शनिश्चरी छाया के बण्टाढाल।
उगा तुम्हारे अन्तर में
सत्यानासी का वृक्ष
कि जिसके नीले पात

कि जिसके पीले फूल
कण्टकपूरित वृक्ष !!
कि अन्तर-भेदी मूल
तुम हो उर-कटार
भटकटैया-आकार
कि थूहर-रूप
वही मैं हूँ !!
तुम मेरी परम्परा के अगले चरण उदार !!
अरे सनातन भार।

भव्य हज़ारों साल पुराने ओ, बूढ़े उस्ताद
तुम्हारी क्रियावान वेदना
कि क्या कहना—!!
तुम बाज़ार में खड़े
स्वयं जलती मशाल
औ' पुकारते
जिसे फूँकना हो अपना घर
चले हमारे साथ !!
शनिश्चरी छाया के बण्टाढाल
निन्दित नित्य रहोगे जग में प्रतिपल लांछित भाल
ब्रह्म-रन्ध्र में गूँजेगा फिर द्रोही अनहद नाद
ओ बुज़ुर्ग उस्ताद
ऐंडे-बैंडे बहुत सवाल पूछते अपनी दुनिया से
फाँकोगे तुम धूल राह की औ' खाओगे राख
रहोगे प्यासे-के-प्यासे
और तुम्हारे बच्चे भूखे रह माँगेंगे भीख
दोगे केवल सीख।
मन के सूरज की गर्मी से हो जाओगे ख़ाक !!
तुम दुनिया की लीक काटकर
कट जाओगे।
और बनेगी नहीं कहीं दरगाह
सिर्फ़ मोटा पत्थर !!
कि तुम्हारी छाती पर
नये सयाने लोग नहीं वे प्रश्न पूछनेवाले हैं
कि छिनेगा उनका घर !!

भाई मेरे
यह भविष्य तुम खूब जानते हो
आगे की यात्राएँ तम-पूरित दिखती हैं
पर तुम रहते हो आकाशीय स्वप्न में यों कि···
······
······
भोजन के समय कि कौर उठा
आये मुँह तक कि एक झटका···
अकस्मात् दिखती हैं चारों ओर
अमल दिक्काल-दर्पणावलियाँ ही
उनमें उदास भूखी मुख-छवियाँ झलक उठीं
रास्ते के काग़ज़ खाती भूखी गायें वे,
घूरे पर अन्न बीनती गरीब माँएँ वे,
गन्दे कटाह माँजते हुए बालक-चेहरे
हाय रे !!
रह गया हाथ में कौर
कि मुँह तक जा न सका
अभ्यन्तर से विद्युत्-धक्का
गीला-गीला रोमांच
सहमती आँच
हृदय में करुणा-लहर-उछल
मस्तक में विचार-आस्फाल
तुम थाली छोड़ उठे
भूखे लेटे
यह कण्ठ फटा अश्रु से, और
छाती में पृथुल बर्फ़ के खण्ड
जम-अटके—
यह उखड़ी-दुखती साँस   एक काली रस्सी
खींच न बाहर पाओगे उससे
तितर-बितर कर नहीं सकोगे तुम
हिमीभूत आँसू के प्रस्तर-क्षण !!

एक साँस में खींचो सब ओषजन।
भरो शून्यावकाश की
नव विद्युत-चुम्बकीय गति की तरंग
घुटनों में।

वक्ष से भरो
उत्तर-ध्रुवीय अन्तरिक्ष पवन के दीप्ति-स्तर
अरोरा-लाल बोरियेलिस
शत रंग-बिरंगे विद्युन्मय कण भर लो
छाती में।
पूरा समेट शून्यावकाश,
ब्रह्माण्ड काल-दिक्
करो विश्व का पूर्ण आत्मविश्वास प्राप्त !!

भागो, लपको,
अब करो तडित् चुम्बकीय गति से
पार सड़क···
यह बहता हुआ शोर
धूल औ' ख़ाक कर पार
कोट्यावधियों की पोशाक
पहन
कपड़े मटमैले
आलीशान इमारत के पिछवाड़े पहुँचो
जहाँ कि काली गलियों की
अति श्याम रंग फ़ैण्टेसी
अंट-संट अँधेर, धुँधलका,
मैला पानी, गन्दी साँस, उबास
सभ्यता की सण्डास कि चोरी और मुचलका
राख, भाग्य का फेर
चौड़े भाँडे, मैले बर्तन पड़े ढेर-के-ढेर
काले कटाह
भीषण कटाह
मलते पीले मटमैले बालक निःसहाय
जा घुसो उन्हीं में तडित्-प्राय
तुम हाथ लगाओ, बर्तन मलो बहुत तेज़ी से
गलो हृदय में !!
उनकी स्याह निराशा आँखों में आँजो
बर्तन माँजो
उतर जायँ सब मोटे-छिलके
घिनी सभ्यता के।
आत्मा का घट रिसे कि ढुलके

किन्तु न रोओ यों करुणा से हाय अबेर-सबेर
अभी माँजना कई कटाह ढेर-के-ढेर !!

भागो, लपको, पीटो-पिटो
कि पियो दुःख का विष
उस मनुष्य-आमिष-आशी की जिह्वा काटो।
पियो कष्ट, खाओ आपत्ति-धतूरा, भागो
विश्व तराशो, देखो तो उस दिश्

बीच सड़क में बड़ा खुला है एक अँधेरा छेद,
एक अँधेरा गोल-गोल
वह निचला-निचला भेद,
जिसके गहरे-गहरे तल में
गहरा गन्दा कीच।
उनमें फँसे मनुष्य···
घुसो अँधेरे जल में
—गन्दे जल की गैल
स्याह भूत-से बनो, सनो तुम
मैन-होल से मनों निकालो मैल
काल-अग्नि के बनो प्रचण्ड हविष्य
जब कि सभ्यता एक अँधेरी
भीम भयानक जेल—
तोड़ो जेल, भगाओ सबको, भागो खुद भी !!

अपने रंगों को खोजो,
हरिया-तूता, आक, धतूरा काम आयेंगे।
चट्टानी परतों पर धूप-चिलचिलाहट
भी उपयोगी है !!
पत्थर के थर-के-थर में जो
बन्दी हैं किरनीले कण-कण
उन्हें निकालो।
बहुत काम के साबित होंगे।
उनमें अरे, गज़ब की तेज़ी
गरम रंग है !!
पृथ्वी के भीतर के तंग पथों पर जाओ
युरेनियम-रेडियम-प्रणाली

काली और कोयलेवाली खानें बहुत मिलेंगी
रंग अनेकों देंगी तुमको !!
करो रंग-उत्पादन मिश्रण !!
तुम मिश्रण के रासायनिक सूत्र भी खोजो
उत्पादन की पद्धति आवश्यक है
धूल-ईंट के सस्ते रंग भी बहुत काम के
कलाकार से वैज्ञानिक फिर वैज्ञानिक से कलाकार
तुम बनो यहाँ पर बार-बार
इन्हीं विविध रंगों द्वारा ही
मन के अपने अभ्यन्तर के रूप
कर सकोगे तुम अंकित
तभी कठिन मैली कटाह मलते बालकगण
किसी साँवली शून्य गली के चित्रित होंगे
तभी सड़क के बीचोबीच कि खुले छेद में
भीतर बदरंग भूत कर सकोगे तुम अंकित !
अनुभव-वृद्धा माँओं
दढ़ियल बूढ़े दद्दाओं के रंग
साधना काफ़ी मुश्किल !!

करो प्रयास भयंकर,
आत्म-निपीड़नकारी वे ग़लतियाँ
कि भाव-प्रवर्तनकारी भव्य सुधार प्रभास्वर
के संयुक्त प्रयास-मार्ग से गुज़र चलो तुम
अग्नि-परीक्षाओं से गुज़रे यह परम्परा
मेरी प्रिय-जन-वदन-दीप्ति-भास्वरा
यह भविष्य-धारा अजया !!

बिना तुम्हारे

बिना तुम्हारे बंजर होगा आसमान
                    ऊजड़ होगी सारी ज़मीन !!
फिर, उसी धधकते हुए सूर्य
के तले प्रखर,
सब ओर चिलचिलाती काली चट्टानों पर
ठोकर खाता, टकराता भटकेगा समीर !!

भौंहों पर धूल-पसीना ले, तन-मन हारा,
बेचैन रहूँगा फिरता मैं मारा-मारा,
देखता रहूँगा क्षितिजों की
सब तरफ़ गोल कोरी लकीर !!

फिर, उसी धधकते हुए सूर्य
के फैलावोंवाले सफ़ेद
सूने कोने से टकराती जायेगी
अरे, गहरी कोई घायल पुकार
या आर-पार वह एक भटकती हुई रूह—
बेचैन चील !!
उस-जैसा मैं पर्यटनशील प्यासा-प्यासा
देखता रहूँगा—
दूर वहाँ उस जगह—दमकती हुई झील
या पानी का कोरा झाँसा,
जिसकी अजीब लहराती-सी
चिलचिलाहटों में रहा काँप
इनकार साफ़ !!

मैं किसी पहाड़ी टीले पर निःसंग एक
श्यामल विहंग
देखता रहूँगा निर्निमेष
धूप की दहकती सूनी छाती में, जी में,
प्रति निमिष रेंगता हुआ काल धीमे-धीमे !
देखता रहूँगा—आसमान
के तल में जलता हुआ भाल
काल का;
भूरी पहाड़ियों के कन्धों पर अलसायी
ऊँची सियाह चट्टानों पर, टीलों पर,
नीरव पत्रहीन वृक्षों पर
ढीली पड़ी हुई है मुरझायी
वह पल-क्षण की मालिका !!

दूर से दिखायी देगी तब वह नदी
या कि वह आर-पार शमशीर
मैदानों को चीरती हुई

कि जिसके इस्पाती फल में अजीब
चमचमाहटें काँपतीं ;
लहरों में आईनों की किरचें—नोकदार
इनकार, तेज़ इनकार !!

बफ़ती मिट्टी की बास लिये
यह गरम साँस काँपती,
साँवली दरारों में से उठती है उसाँस हाँफती,
लेकिन जलते मैदानों की सब आँच लिये
सैकड़ों मील पारकर
तेज़-रफ़्तार हवा आ रही !!
उसके कन्धों पर चढ़,
साथ हमेशा रह
घूमता फिरूँगा,
देखूँगा प्रतिपल जलते हुए देश
वे नये-नये जीवन-प्रदेश
क्लेश के।

यद्यपि, मेरे मुँह पर होगा
धूप के बवण्डर का पल्ला,
या सभी तरफ़ से एक साथ
होगा वीरानी का हमला,
फिर भी सूनेपन के आईने में
चमकेगा लगातार
मेरी आँखों में रमे हुए
मीठे आकारों का निखार।
मैं जिधर दृष्टि डालूँगा, पाऊँगा सखेद,
साँवले, हरे, भूरे सफ़ेद
मैदानों के फैलावों पर तैरती हुई
झिलमिल-झिलमिल मुख-छवि मुझको
देखती हुई
ज्योत्स्नाशाली निज मानव-रूप बना
मुझको देखेगी मनोमन्थिनी मरीचिका।
मैं सँभल न पाऊँगा
डालूँगा दृष्टि जिधर
अपना आँचल फैलायेगी।

मेरा पीछा करने में आगे-आगे चल
वह मुझे एकटक
देखेगी चन्द्रिका धवल।
यदि मैं पर्वत-सा ऊँचा हो जाऊँ सहास
वह शिखर चन्द्रमा बनकर मेरे आस-पास
कोमल अदम्य सत्ता सी चमकेगी नवीन।
मेरा पीछा करनेवाले ये बिम्ब आज
यदि प्राणों के अविभाज्य अंग
तो बिना तुम्हारे, यह यथार्थ
हो जायेगा उद्भ्रान्त व्यंग्य
श्री-हीन दीन !!
सच, बिना तुम्हारे बंजर होगा आसमान,
ऊजड़ होगी सारी ज़मीन !!

देख कीर्ति के नितम्ब इठलाते

देख कीर्ति के नितम्ब इठलाते—
                    लालच ने पुकार की
                    पीड़ा-भरी हुँकार की,
लोभ-ईर्ष्या, तब रंगीन
उड़ंछू पंख पसारकर
उन्हीं नितम्बों पर जा बैठे
उनका रंग उभारकर,
नितम्ब बढ़ते गये—प्रतिष्ठा के महत्त्व के सार थे।

मस्तक और नितम्बों का अपना विरोध भी ख़ूब था,
यश के ढोल धड़धड़ाते ही जाता मस्तक डूबता।
बौने भाल कि बैठे-दबे ललाट थे—
जब नितम्ब सम्राट थे।
शोध नहीं, न बुद्धि-मस्तक के मुक्ति-मार्ग का प्रश्न था,
नये महत्त्वों के उभार में अहं-उदर या शिश्न था।

शुद्ध प्रशंसा की मेहराबों में जो साज-सँवार के
सुन्दर परदे गये लगाये भव्य प्रतिष्ठा-द्वार के—
खुले आज वे पन्ने सब अख़बार के।

अख़बारों पर, पुस्तक पत्रों पर यह बन्दनवार-सी
नाप-छपाई-बड़ेपने की पंक्ति—
पंक्ति थी लार की
सोते में भी आकांक्षा की लार कि अपरम्पार थी।
निज-महत्त्व का लेबल चिपकाकर छाती से रात-दिन,
स्वप्न देखते रहते बौद्धिक-भावुक-कल्पक-भूतगण।

डाल बालटी, पानी खींचा जब सत्यों के कूप-से—
निकल पड़े तब उछल अहं के कवि तार्किक मण्डूक-से।
जल के साथी दर्दुर मुखर मसख़रे प्रखर स्वरूप में
सही बहुत कि ख़ूब रहते हैं ये सत्यों के कूप में।

गहन-भावना की परछाईं ओढ़े बहुरुपिये कई—
फिरती हैं पुरस्कार पाने अबं कलाकार मूरतें कई
रसायनी कविता-प्रतिभा की जादूगर-कीमिया नयी
अपनी प्रयोगशाला में
आत्माएँ—भूत बनायी गयीं
···भूतों की हैं सूरतें कई।

जनता, संस्कृति, जीवन, मानव
का भी लेते नाम ये
किन्तु—देह में चरबी के थर,
अपने तन की सब सतहों पर
खूब कमाते चाम ये
प्रदीप्त जिह्वा
लोभी लौ या
इनके हिय में चरबी का ही दीप है
मानव के प्रति—
आँखें ठण्डी चमकीली-सी सीप हैं।

इन्हें देख, बढ़ते नितम्ब अब मस्तकहीन महत्त्व के,
गुड़ के ढेले पर चढ़ते चिउँटे हैं मत्सर-तत्त्व के।
यश के चोर व प्रतिभा की कुलटा की भैया-दूज है,
हिय की कोमल त्वचा-त्वचा पर अहंकार की सूज है।

लेकिन, जन-गलियों में जलता

सूरज का प्राचीन दिया,
किस दिन किसको कैसे किसने
कहाँ व कितना ख़ून दिया
इसकी गिनती नहीं किसी ने रक्खी क्योंकि स्वभाव है,
सबमें बँट-छँटकर रहने में मन का मीठा भाव है !!

जाने कितने सन्त पल रहे हैं मटियाले वेश में
द्वार-द्वार ये नंगे पाँवों घूम रहे सन्देश हैं !!
जिनकी पीड़ा आध्यात्मिक संवेदना
इन गलियों की प्रेरणा
ये किरणें, यह धूप !! न इनका नाम है
ये प्राणों के बीज—न इनको कीर्ति-श्री
किन्तु लहलहाते इनके सब काम हैं
और चमकती इनकी सुन्दर नेत्र-श्री।

कई बार

कई बार
किरणों की अप्सरा
आयी और चली गयी,
निर्विकार किन्तु मैं
घिरा रहा अँधेरे-से सूने में ताकता।
सत्यों का फेरा
शुरू हुआ, ख़तम हुआ कई बार,
निराकार सूने का घेरा किन्तु
अखण्ड स्थिर रहा
वह मेरा श्याम शून्य
अनिमेष निहारता खड़ा रहा
सत्यों का एकटक

उदित हुआ सूर्य लाल, डूब गया !
चन्द्र व नक्षत्र आये, चले गये !
किन्तु उन सबके पार परे रह
अँधेरे की परम्परा
अम्बर में खड़ी रही !

व्यथाएँ उभरीं ख़ूब, डूब गयीं
निराकार आदर्श-दिशाएँ किन्तु
खड़ी रहीं मुँह बाये।

मेरा मन
निराकार सँवलाया तमोलीन
परदा बना रहा,
उभरे सौ रश्मि-चित्र
जीवन के मर्म के
उभरे, विलुप्त हुए !
बन्द हुआ थिएटर
भावुक व दार्शनिक
बहु-स्वभाव दर्शक चले गये।
बुझ गयीं बिजलियाँ।
ख़ाली पड़ी कुर्सियों की पाँतें वे।
दरवाज़े बन्द हुए
सूने उस तमोलीन
अन्तराल-भीतर सुदूर
वह परदा किन्तु
गल रश्मि-चित्रों के
विलुप्त-संवेदना-प्रकाश-पार्श्वभूमि में
स्वयं की असंग
अप्रभावित
असम्पर्कित तटस्थ अन्धकारिता
को देख-देख
चकित है
विस्मित है।

सत्य आये व चले गये
रश्मि उभरी व लीन हुई
अन्धकार किन्तु जो तब भी था, अब भी है !

मेरा मन
अन्धकार प्रतिरूप !
प्रदान वह करता है
आकाश-अवकाश-प्रभास व रेखाएँ
रश्मियों को, रश्मि-चरित्र को, सत्य को !
सार्थकता उसकी अपार है।

मेरे युवजन, मेरे परिजन

अरुणोदय के पूर्व ही,
तम-मग्न खँडहरों के मृदु गन्ध-प्रसारों में
उद्ग्रीव कुन्द-चम्पा-गुलाब की गन्ध लिये
मेरे युवजन-व्यक्तित्व यहाँ पर महक रहे
क्षिप्रा के तट
वीरान हवाओं में···
अरुणोदय के पूर्व ही।

गम्भीर श्याम पीड़ा की डोहभरी क्षिप्रा
आत्मा के कोमल घनच्छाय एकान्तों में
स्वीया, अपरा
उन एकान्तों में क्षिप्रा का
संवेदन-जल पी रहे
अँधेरे में
मेरे युवजन
मैदान-हवाओं में लिपटे।

उस गहन अँधेरे में
प्राचीन मृत्तिका की उजाड़ करुणा मन में,
अभिनव पुष्पों की हृदय-गन्ध के साथ-साथ
कण्टकित ज्ञान-केतकी महकती जीवन में।
पीड़ामय डोह-लहर पीकर अंजुलियों से
अनजाने में, फैलते जा रहे बाँह-हाथ
मानो अछोर मैदान-महक के पार, किसी
पर्वत-उतार पर खिले हुए
जादुई, दूर, द्युतिमत् गुलाब
ले आयेंगे !!

हैं लहर-लहर में प्रतिबिम्बित तारक-द्युतियाँ
पीड़ाओं में मर्मानुभूत दृष्टियाँ
विचारों की धृतियाँ,
मेरे युवजन, मेरे परिजन
लहरों की घुली-मिली ज्योतियाँ
पी रहे अँधेरे में

मैदान-हवाओं में लिपटे !!

अकस्मात्
श्यामल गम्भीर बृहद्-आकार एक पक्षी
साँवले पंख फैला
मँडराता है सिर पर।
सन्तुलित पंख विस्तृत कोणों में सक्रिय हैं।
प्रिय है, प्रिय है,
उसका उभार, उसका प्रवास
उसकी उद्विग्न श्याम चिन्ता।
मेरे युवजन, मेरे परिजन
एकाग्र, एकटक उसे देखते रहते हैं ;
उनको शंका,
उनका यह अभिमत है कि गहन
क्षिप्रा के मूलोद्गम-स्थित वन
का वासी वह
सिर पर मँडराने आया है।

वे पाते हैं—
पीड़ा की परम्परा-क्षिप्रा युग-युग-वाही
पापों की कारण-परम्परा-कन्दरा-वनों में से निकली,
मेरे युवजन, मेरे परिजन
अन्तःसलिला का पाते हैं दूसरा सिरा,
दूसरे सिरे के देख रहे वे जंगल-वन !!

वे जंगल-वन
उनका यात्री
श्यामल गम्भीर बृहद् पक्षी
वह युगानुयुग जन-शोषण-पाप-दृश्य-दर्शी
सिर पर मँडराता है
उसके संवेदनमय स्वर में
रक्ताक्त व्यथामय कथा निवेदित है।

मैं लेखक हूँ
प्रतिपल युवजन-व्यक्तित्व अध्ययन करता हूँ
उनके हिय के तालाबों में

सिर से पैरों तक लहू-लुहान नहाता है
चेतना-पुरुष ।
वह बिजलीभरा रक्त है जो घुलता है
श्यामल लहरों में
वे लाल रक्त-लेखाएँ गहरी ज्योतित हैं ।
उन रक्तांगारों के सन्दर्भों से युवजन का हूँ ।
इस रात्रि-श्यामला वेला में
आगामी प्रातों की ओस सुगन्धित है ।
क्या करूँ कि मुझको ओस-कणों में
लाल ज्योति दिखती
मानो वे शत-शत रुधिर-बिन्दु थरथरा रहे
उनकी प्रदीप्त किरनों को गिनने का
मैं यत्न कर रहा हूँ ।

बारह बजे रात के

बारह बजे रात के,
यूरोपीय सर्दी के घुँघराले कुहरे में लहरदार,
अँधेरे के पहरे में गिरफ़्तार
अनमनी गम्भीर उदास पहाड़ियाँ
क्षितिज की साँवली लोहे की भीत पर
अपना सिर टेककर
सोचती-सी खड़ी हैं !!
भावी के कष्टमय स्वप्नों में उद्विग्न
जागती-सी-सोचती हैं
कोई हल खोजती हैं
धड़कते विचारों की फड़कती नाड़ियाँ !!
कहीं तो भी कोई बात
लोहे की लात-सी यों छाती पर पड़ी है !!
उसी वक़्त आसमानी तख़्त का सुलतान
दमकते लालटैनी रंग का गाल लिये
सोने की गिन्नी-सा चेहरे का चाँद वह
आसमानी सुलतान धरती पर नज़र डाल
सोचता-सा, समझता-सा मुसकराता देखता
धरती पर खड़े हुए बड़े-बड़े ताबूत

या कि इमारतें
जिनकी कि छाती पर अँधेरे से मिल-जुल
चाँदनी के रेखाचित्र,
चाँदनी की साज़िशें !!
बलन्द मेहराबों पर
यूरोपीय शैली के बड़े राजद्वारों पर
नगर की सड़कों में
(अँधेरे के हँसते हुए चमकते दाँतों-सी)
बिजली के दमकते बल्बों की सुनहली पाँतियाँ !!
सफ़ेद गुलाबों से भरी हुई क्यारियों-सी
नारियों का उल्लास।
रौनक़ की ख़ुशबू यह बड़ी ही रहस्यमय
विलायती टीमटाम लिये हुए चमकते रेस्तराँ में
कैप्टन के गरबीले बैजों से बटनों से
खेलते हुए सुकुमार रँगे हुए नाख़ून !
किराये पर मुसकराती
कामिनी स्त्रियों के
यूरोपियन पैण्टों के बटन चमकते-से लगते थे
कामुक इशारों-से।

उसी वक़्त, उसी वक़्त
समस्या के गोल-गोल
चक्करदार, चक्करदार
व्यूहों की भटकती गलियों में
भागती-सी अकुलाती आत्माएँ
ज्वलन्त स्वदेश की !!
किन्तु, दूर, किसी छोर
ऊँचे-ऊँचे घने-घने
बहुत पुराने कुछ दरख़्तों के साँवले
फैले हुए शिखरों पर, सिरों पर, छोरों पर
छठी और सातवीं मंज़िलों से आये हुए
छाये हुए
पीली-पीली रोशनी के लम्बे-लम्बे पीले बाल
लम्बे-लम्बे पीले बाल
पीली-पीली रोशनी के !!
खिड़की से चले हुए

धरती पर गिरे हुए
प्रकाश के नक़्शे पर गुज़रती हैं छायाएँ
आते-जाते बड़े-बड़े व्यक्तियों की, लोगों की।
इमारत के पैरों-तले खड़े हुए छायादार
ओक के व बीच के व लिण्डन के,
अँधेरे के गुम्बजों-से वृक्षों पर
बैठे हुए, यूरोपियन पूँजी की आँखों से
दुनिया को निहारकर
घुग्घुओं का जमघट
कहता है एक बात
एक बात कहता है
इमारत में क्या-क्या है !!
भवन के सातवें तल्ले पर कुछ लोग
दुनिया की आत्मा की चीर-फाड़
करने के बाद ही
टेबल पर बहती हुई लोहू की धारा में
उँगलियाँ डुबोकर
ख़ून की लकीरों से
देशों की नयी-नयी ख़ूनी लाल ख़ूनी लाल
सरहदें सीमाएँ बनाते ही जाते हैं
हवाई अड्डों के प्रस्तावित स्थानों पर
ख़ूनी क्रॉस लगाकर
फ़ौजी घेरे मोर्चे
नये-नये रक्त के चिह्नों से जाते हैं बनाते।
कौन हैं वे लोग, बोलो,
कौन हैं वे लोग, अजी।
अँधेरे के घने-घने काले-काले बुर्क़ों में
बैठे हुए लोगों के खोलो न, नक़ाब सब
उन्हीं के मकानों के पिछवाड़े बनते हैं
दुनिया को जीतने के नक़्शों के ख़्वाब सब !
घुग्घू न दे सके इसका जवाब कुछ
किराये पर मीठी-सी अँगड़ाई की लहर-सी
बिजली के दीपों की कमानियाँ रह गयीं चुपचाप
सोचती हैं हमीं सब जानती हैं सहती हैं
सड़कों पर राहों पर इन्हीं के कमरों में हम ही तो रहती हैं !!
दुनिया की पूँजी के पैण्टों के, कोटों की

जेबों में भरा हुआ पिस्तौल
आँखों में बर्फ़ की ज्वलन्त सर्द आग
चेहरों पर चमकती है दमकती है चुपचाप
खूँखार दरिन्दों के चेहरों की ताक-झाँक
लम्बे-चौड़े कूल्हों में बहुत बड़े आदमी का
ठस्सा है महीडोल !!
नभोभेदी क़हक़हे, नभोभेदी वक्तव्य
विश्वभेदी युद्धों का क़िस्सा है महीडोल।

युद्ध के लाल-लाल
प्रदीप्त स्फुलिंगों-से लगते हैं
बिजली के दीप हमें
लन्दन में वाशिंगटन,
वाशिंगटन में पैरिस की पूँजी की चिन्ता में
युद्ध की वार्ताएँ सोने न देती हैं,
किराये की आज़ादी
चाँटे-सी पड़ी है, पर रोने न देती है
जर्मनी संगीत
अमरीकी संगीत
जब मानव और मनुष्य हमें
होने न देता है !!

पश्चिमी नगरों की इमारतें ठठाकर
मकानों के ताबूत क़हक़हे लगाकर
हँस पड़े, हँस पड़े।
फट गया अँधेरा
जनता के शत्रुओं ने अपने ही नाख़ूनों से
पागल हो
चीर डाला, चीर डाला,
अपने ही सीने की हड्डियों का घेरा यह दुहेरा !!

मीठा बेर

हज़ारों फ़्लैशलाइट-रेखाएँ
सुदूर मेघों पर
तुम्हारी कविताएँ लिखती हैं
रंगीन अक्षरों में !!
हज़ारों फ़्लैशलाइटें,
जो तुमने मँगायी हैं दूर-स्थित देशों से
जो तुमने बनायी हैं अपने आवेश-
प्रकाशन के लिए
वे निधि तुम्हारी हैं !!
किन्तु सच जान लो
कि निधि तुम्हारी यह
कि ये फ़्लैशलाइटें
और उनका विश्वव्यापी प्रभाव
यह रौब-दाब
यहीं रह जायेगा
व अपने ही जीते जी
यहीं मर जाओगे
व द्युति-अक्षरों में लिखा हुआ रश्मि-काव्य
यहीं बुझ जायेगा, गुल हो जायेगा
न तुम रहोगे, न तुम्हारा शोर।
एक भूरा और धूलभरा
गरम व भूलभरा
दुपहर-उभार का दुकूल
फैल जायेगा
मैं भी मर जाऊँगा नामहीन
फिर भी मैं
पुश्त-दर-पुश्त
पीढ़ी-दर-पीढ़ी की देह में
शिराओं में
लाल-लाल ख़ून बन
बहता ही रहूँगा—
प्रकाशमान लाल रक्त नामहीन।
कारण कि राह पर
खड़ा एक

जंगली
व कँटीला, व्यक्तित्वहीन,
मीठा बेर-झाड़ हूँ मैं
पत्थर मार-मारकर मुझे खाया गया है
मुझे तोड़ा गया है क्रूरता से
और मेरे बेरों को
बच्चों ने, राहगीरों ने, बूढ़ों ने, स्त्रियों ने
बहुत-बहुत पसन्द किया !!
और इस तरह मैं उनके ख़ून में बसा हूँ,
बेरों में इकट्ठा
सारी ज्ञान-रस-राशि
लाखों की रगों में बह रही है
वीर्य बन रही है
ओजस बन गयी है !!
मुझे निजत्व-प्रकाशन-हित
फ़्लैशलाइटों व मेघों व व्योम की
ज़रूरत ही नहीं है !!
स्वयं का प्रकाशन नहीं करता
मैं तो सिर्फ़ फैलता हूँ बहता हूँ ख़ून में !!
क्योंकि मैं एक बेर का झाड़ हूँ
जंगली और कँटीला
किन्तु मीठा !!

आज जो चमकदार प्रज्ज्वलित

आज जो चमकदार प्रज्ज्वलित
गैस के महाद्वीप
शून्य में बहुत दूर
दीखते हैं
उन्हीं में
शनैः-शनैः
गोल-गोल
अपने ही आसपास घूमते हुए
बने रहे नक्षत्र
सूर्य

और तारिकाएँ !!
किन्तु इस निःसीम अखण्ड
शून्य में
स्थान-स्थान
कई जगह
मरे हुए ग्रह और
ठण्डे पड़े नभ-पिण्ड
तैरते हैं प्रेत शत आकाशीय द्रव्य के।
एक ओर
कीर्तिमान कष्टों के बीच
नये जन्म का समारोह
अन्य ओर
मृत्यु के पथ पर
बढ़ते हैं दबंग बूढ़े हुए सितारे।
ज़ोर-शोर तुम्हारा
व तिकड़में तुम्हारी
बताती हैं सिर्फ़ चन्द दिनों के
हैं अंगारे तुम्हारे
असीम शून्य की सियाह
गुहाओं में
तुम भी एक मटमैला अणु बन
डूब जाओगे।
ज़ोर-शोर तुम्हारे
तिकड़में तुम्हारी
व दाँव-पेंच तुम्हारे
हारे हुए आदमी की पराजय-भावना के
अजस्र प्रमाण हैं !!
मृत्यु का
खुला हुआ स-दन्त मुखद्वार
बढ़ रहा तुम्हारी ही तरफ़ है आजकल
टाल नहीं सकोगे
मुश्किल उसे टालना।

हर चीज़, जब अपनी

हर चीज़
जब अपनी एक सपनीली छाँह डालती है,
तब न मालूम कहाँ से एक ख़याल
खड़ा होकर
गले में बाँह डालता है ;
मुलायम मीठा एक उबाल
दिल उछालता है
छोटे से बड़ा होकर

कि आख़िर बहैसियत एक आदमी के,
न कि सवालात की हवालात,
या कि समस्याओं की
सुनहरी अकादमी के,
हाँ, बहैसियत सिर्फ़ आदमी के,
सीधे-सीधे
बिलकुल,
क़तई,
हम दिल के सुनहले तीर
बाहर क्यों नहीं फेंक पाते
तेज़-तेज़
और बाहर की चीज़
उसी तेज़ी से वापिस क्यों नहीं फेंकती
अपने पूरे लहरीले रंग
कि जिनसे दिल
ज़रा-सा सुलगे और भभक जाय,
उस बाहर के भीतर की तसवीर
उभर आय
कि जिसकी जलती हुई भाफ
अपने-आप
हमें दे जाय
रंगों में सुलगी हुई एक सुनहली शिनाख़्त,
और हम
लिये-लिये घिरा-घिरा गहरा-सा वक़्त
चल पड़ें

यों कि एक रास्ते से लम्बे-ही-लम्बे
बिछते और तनते और निकलते चले जायें,
एक जंगल से घने-ही-घने बियाबान
बनते और दृश्य बदलते चले जायें
आसमान से खुले-ही-खुले
चारों ओर फैलें
एक तेज़ निगाह से सीधे-ही-सीधे
ख़ूब पहचानें और सबको समेट लें पी लें
ब्रह्माण्ड की काल-सूचक घड़ियों के
मिनटों और घण्टों को
धड़कन में ले लें और जी लें

लेकिन, यह नहीं होता है।
हवा सिर पर से लहराती हुई
गुज़र जाती है
धमनियों में घुस नहीं पाती।
पहचानें जरा-सी छूती हैं
उड़ जाती हैं
दिल में बस नहीं पातीं।
यही कारण है कि रेत के ढेर-सी दिखती है
तो किसी को यह दुनिया
पके हुए बेर-सी दिखती है
कि जिसको वह तोड़े और खा जाय,
तो किसी को वह लहँगे के घेर-सी
कि जिसमें वह पैठे और समा जाय,
तो किसी को वह रीछ-सी, भालू-सी,
किसी को कद्दू-सी, आलू-सी
किसी को बौनी-ही-बौनी,
चपटी-ही-चपटी,
तो किसी को कुछ,
तो किसी को कुछ।

और, तब इस अदने
और नाचीज़ को यह लगने लगता है
कि चारों तरफ़ फैली हुई शानदार मुग़लिया सल्तनत में
काली शेरवानी की मखमली खोल

जो पहने हुए हैं
ख़ूबसूरती से,
(अपने-आपमें जो चमकदार गहने हुए हैं।)
उनके भीतर
हाँ, भीतर
एक मुस्तैद
दीवार खड़ी हुई है
(छोटी से बड़ी हुई है)
नंगी, सील-खायी और खुरदुरी
उस पर अजीब कारीगरी—
नक़्शीं, मीनाकारी और तसवीरें,
और, न जाने क्या-क्या,
वाह वा !!
लेकिन, पलस्तर उखड़ गये हैं,
और गड्ढे पड़ गये हैं,
और, उन गड्ढों में फ़लसफ़े का रंग
झख मारता हुआ ढंग
उन्हीं में से एक में
मेहराबदार ताक़,
ताक़ में अँधेरा
अँधेरे में देव-देवताओं की मूर्तियाँ—
पुरानी मूर्तियाँ जो ज़रूरत पड़ने पर
फिर काम आ सकें,
दाम ला सकें।

इस सल्तनत में
हर आदमी उचककर चढ़ जाना चाहता है,
धक्का देते हुए बढ़ जाना चाहता है,
हरएक को अपनी-अपनी
पड़ी हुई है।
चढ़ने की सीढ़ियाँ
सिर पर चढ़ी हुई हैं।
निसैनी—सोपानों का क्रम
ऊपर, हाथों में उठा हुआ
सिर पर पल रहा है
हरएक अपना-अपना स्वर्ग, सेतु,

बुलडोज़र, क्रेन, उठाये चल रहा है
और, वही—हरएक—
लाल-लाल आँखों से घूरते हुए
दूसरे बुलडोज़र और लोहे के ज़ीनेवाले को
मन-ही-मन कहता है—
मारो स्साले को !
लिहाज़ा, यह सूरत पैदा हुई
कि फूट-फूट, दुई-दुई
बाहर भी
दिल के भीतर भी।
नफ़रत और नफ़ासत
बीवी के साथ भी सियासत।
लेकिन, इन सब सफ़ेद
चमचमाते शानदारों की धाक है···
मेरा दिल चाक है।
चक्के हैं, चक्के हैं, चक्के हैं,
सब लोग सब कहीं जा रहे हैं,
लेकिन, कोई कहीं नहीं जा रहा है।
रफ़्तारें तेज़ हैं,
लेकिन, देखो तो, ज़बर्दस्त
तेज़ी के भीतर एक
ज़मीन-जुड़ा
अटल चबूतरा···
लम्बा-सा घाट है
घाट तो पहले से वहीं-का-वहीं है,
सिर्फ़ लहरें दौड़ रही हैं,
गति आभास है
अपना क़यास है
फिर भी ये रफ़्तारें तेज़ हैं
(कल तक जो मेरे पास
चटाई थी सिर्फ़
आज टेबल है, मेज़ है)
भीड़-भड़क्का है
सँभलो, अपनी अटैची सँभालकर रखो
ज़माना उचक्का है।
इसीलिए दिमाग़ के भीतर एक दिमाग़ में

ज़हरीली आग है
अकेले में दाँत पीसता हुआ झाग है।

टिकट-कलेक्टर है, ऊँचा सफ़ेदपोश वक़्त।
वेल-श्रेव्ड चेहरा है काला और सख़्त।
भीतर घुस नहीं सकता है
बिला-टिकट कोई भी,
समस्या विकट है,
जिसके पास पैसा है, उसके पास टिकट है।
वाहर···एडवर्टिज़मेण्ट
आदमक़द तसवीरें
देखते खड़े रहो
सूनापन चाखते और चुपचाप
चीख़ते खड़े रहो
अपनी फ़ज़ूल-सी हस्ती को
चाटते खड़े रहो,
मनहूसी बाँटते खड़े रहो,
शायर बन जाओ
दुनिया से तन जाओ।
जी हाँ, इसीलिए,
न मेरी उनसे बनती है
जो काली शेरवानी की ख़ोल में
सिर्फ़ दीवाल हैं
न उनसे, जो जबड़े की पोल में
लार टपकाती हुई ख़ाल हैं,
सिर्फ़ एक मनहूस
बदमिज़ाज बवाल हैं।
चूँकि मेरी उन सबसे ठनती है
इसीलिए कभी-कभी मेरी
मुझसे ही नहीं बनती है।
लेकिन, दिल में एक याद
चिलचिलाती-चिलकती रहती है
उन लोगों की
जिनके चेहरों पर
वीरान खँडहरों की धूप और
घने पेड़ों के साये मँडलाया करते हैं

जो मारे-मारे-से हमारे-से
ईंट के सिरहाने अकेले लेटते हैं
धूल के बवण्डर-सा वक़्त समेटते हैं
जो बहुत ग़ुरूर से
जो सिर्फ़ इन्सान होने की हैसियत रखते हैं
जैसे आसमान, या पेड़, या मैदान
अपनी-अपनी
एक ख़ारा शान और शख़्सियत रखते हैं
वैसे ही और ठीक उसी ठोस
और पक्की बुनियाद पर
जो अपने लिए इज़्ज़त तलब करते हैं
बराबरी का हक़, बराबरी का दावा
नहीं तो मुठभेड़ और धावा
अब आप चाहे सरकार हों
या साहूकार हों
उनके साथ मेरी पटरी बैठती है
उनके साथ
हाँ, उन्हीं के साथ
मेरी यह बिजलीभरी ठठरी लेटती है
और रात कटती है।
शायद यह मेरी बहुत बड़ी भूल है
लेकिन मेरी यह ग़रीब दुनिया
उन्हीं के बदनसीब हाथों से चलती है।

साँझ और पुराना मैं

हो जाया करता उदास
मन स्वजनों की यादें पसार
नीले अँधियालेभरी साँझ
के झुकते पल में निराकार।
व्योम के धुले सम्पन्न रंग
साँवले वस्त्र में ढँकते अपने खुले रंग।
उस बुझने की वेला उदास
में, आँखों में कितने प्रसंग कितने बिछोह
जीवन के आरोहावरोह

अपने प्रियजन के बाट जोहते हुए पत्र,
कितनी यादों के स्नेह-दृष्टि माँगते चित्र।
भीतर के सब व्यवधान चीर
गम्भीर स्नेह-मूर्तियाँ उभर आती हैं आँखों में अधीर।

आभाओं के उस विदा-काल
में, अकस्मात्
गम्भीर भान में डूब अकेले होते-से
वे राहों के पीपल अशान्त
बेनाम मन्दिरों के ऊँचे वीरान शिखर
प्राचीन बेख़बर मसजिद के गुम्बद विशाल
गहरे अरूप के श्याम-छाय
रंग में विलीन होकर असंग होते
मेरा होता है घना साथ क्यों उसी समय
सबसे होता एकाग्र संग।
मुँद जाते हैं जब दिशा-नयन
खुल जाता है मेरे मन का एकान्त भवन
अब तक अनजाने मर्म, नाम ले-लेकर क्यों
पुकारते हैं मुझको
मानो उनमें जा बसने को बुला रहे हों
तब तक एक कल्पना-स्वप्न आता-सा
कोई पढ़ता है मेरा लिखा उपन्यास
घबराती बेचैनी में उत्तेजित विचार के
जी भर आता-सा
कोई उदात्त अस्तित्व साँस लेता है
उसके आस-पास
हाँ आस-पास !!

भूरी-भूरी ख़ाक-धूल

भूरी-भूरी ख़ाक-धूल
उड़ रही वहाँ
आँखों ने अब तक जो सोचा-कहा
वही हुआ !!

नभ चकराया, शून्य का
सिर फिर गया
कि भूरा-भूरा भूत बना डाला
जिस पर फैला
मटियाला आवर्त !!
इस भाँति न होती हुई न होगी वास्तव
आँखों की स्वप्न-झलक !!

क्षितिज-दिशा-अम्बर में 'घों-घों' कर चिल्लाती
तूफ़ानी आँधी वह आती-जाती
फैल रहा सन्ताप
जिसे सोख लेने अपने में
जिसे मिला लेने अपने में
आत्मसात कर लेने जिसको
फैल रही है मैदानों पर नभ की छाती !!

आँखों से हट पड़ा
स्वप्न
व मुझमें से अरूप कोई उठ पड़ा
बहुत तड़पकर।
अलग-अलग आकार बना
विहरा घूमा विस्तारों पर
मेरे अरूप के बालों में जम गयी धूल
बिखरे सिर पर तिनके उलझे मटमैले फूल
उस धूल-बवण्डर के चक्कर में हाथ उठा
वह बहुत ज़ोर से चिल्लाता कि पुकारता रहा
वह कहने लगा
कि मैं हूँ स्वाभाविक सहचर
ओ मटियाले आवर्त
मुझको अपने में फैलाओ !!

ओ भूरी-भूरी ख़ाक-धूल
जग सन्ताप
कि मेरे गहरे मनस्ताप—
में
शक नहीं कि सुबह वसन्त रहा

वह स्वतःसिद्ध अंगार
इस दुपहर में
                है स्वर्ण-स्फुलिंगाकुलिता राख
वह वीरानी, आँधी, वह बंजर खुला-खुलापन गरम
पर, शक्तिमान वह
भूरा-भूरा रंग ।
है शक्तिमान वह उजड़ा-उजड़ा रूप
कहाँ मिलेगी ताक़तवर ऐसी अंगारी धूप !!

वह पठार मैदान
खुला-खुला फैला मन काई-भान
उठती-गिरती मैदानी रेखाओं में
जग से संवादी संगति कर
चमक रही है असंग निज वेदना
उन मैदानी रेखाओं में
गरमी कितनी,
ताक़त कितनी,
यह सोचो तो
वह ताक़त मुझको दो
वह गरमी मुझको दो
मुझे बना तुम खैबर की
काली-भूरी ऊँची गरम चट्टान !!
ऐसी शक्तिमान रूपाकृति मुझको दो
वह संस्कृति मुझको दो !!

अरे, ज़िन्दगी के मेरे इस दर्रे में
इसके पेचीदा रास्ते पर
अविचलता, निश्चय, संशयहीन प्रगति का
है पूरा पोशाक धूल का मिट्टी का
इस उजाड़ में महत्त्व है केवल पहाड़ का गिट्टी का
यहाँ चरित्र-विकास
                दृष्टि की संगति से है
असंग निज-वेदना
सृष्टि की संगति से है

ग़लत फ़िलॉसफ़ी

हाथ काट, जीभ काट, पैर काट
मैंने समझदारी की,
पूरी की माँग किन्तु हाय-हाय,
दुगुने और चौगुने हाथ बढ़े
जीभ बढ़ी, पैर बढ़े,
चंचल हुए, चपल हुए, कार्यकुशल हुए
काट-छाँट करता रहा विवश मैं असहाय !!
क्या करूँ
हृदय में उगते रहे अंकुर
फूल खिले, फल लगे, बीज फैले
फिर प्रशाखाएँ फैल गयीं।
फूल खिले, फल लगे, बीज फैले।
मैंने समझदारी की।
घबराये हुए तब तेज़-धार छुरी से
ज़िन्दगी के छोटे-छोटे सुकुमार
मेमनों की तुरत ज़िबह की।
रँग गये, तर हुए मेरे हाथ
अपने ही ख़ून से !!
(चेहरे से चिपक गया एकाएक रँगा हुआ पंजा जब
आईने में दृश्यमान ख़ूनी का ख़ून रँगा चेहरा तब
तुरत डराने लगा
लगा भरमाने मुझे)।

मैंने समझदारी की।
साहब का बाग़ वह सामने
पड़ोस का जमींदारी-खेत वह
क्या करूँ, चर आते रहे ये मेमने।
रोज़-रोज़ बखेड़े व लड़ाइयाँ टाल दीं।
किन्तु अरे,
जितनी बार ज़िबह की
उतनी बार ज़िन्दगी ने ग़ुस्से में शानदार सुबह में
उतनी बार सृजन नया हाय ! हाय !!
अनावश्यक उर्वरा आत्मा
ज़रूरत से ज़्यादा इस उपजाऊ हृदय का ख़ात्मा

न कर पाया, हार गया, हार गया,
बुरी तरह हार गया
ज़िन्दगी की लड़ाई !!
आत्म-समृद्धि के फलस्वरूप !!

और आज सभी कुछ छोड़-छाड़
देख रहा पुरानी लकड़ी के
पवित्र कठिन खड़ाऊँ में
अँगूठे-सा गम्भीर,
सीमाओं का ज़ंग-लगा पुराना डिब्बा वह
जिसमें ठूँस-ठाँस किया गया बन्द था,
किन्तु समा नहीं सका था मैं
पुराने तर्कों की छुरी वह
जिसमें मैंने भावों के हाथ-पैर काटे थे
पुरानी फ़िलॉसफ़ी का रोएँदार वस्त्र वह
जिससे मैंने दिल का ख़ून पोंछा था,
पुराना वह दर्शनीय आईना
कि जिसमें मैंने स्वयं ही का ख़ूनी नक़्शा देखा था !

हार गया ज़िन्दगी की लड़ाई
किन्तु हुआ मुक्त और अब स्वतन्त्र और ध्यानस्थ
पुनः पायी आत्मा तथा
चलते-चलते मुझसे मेरी ख़ुश हुई परछाईं, ख़ुश हुई
मुझसे ही मेरी व्यथा !!

उपजाऊ हृदय को मारने का दुःखान्त
नाटक अब नहीं होगा।
ज़िन्दगी के बन्द किये जाने का सीख़चों का
फाटक अब नहीं होगा।

झरने पुराने पड़ गये

झरने पुराने पड़ गये
उनकी उपमा अब कोई नहीं देता
शायद धोबी दें

जो वहाँ कपड़े फचीटते हैं
या किसान
जो उसमें फँसी हुई गाड़ी घसीटते हैं
लेकिन वे सभ्य नहीं हैं
इसीलिए झरने की उपमा अब लभ्य नहीं है।
फिर भी मैं झरने की उपमा ज़रूर दूँगा
उस सुदूर को
जो बहता हुआ हमारी ओर आ रहा है
हमारे पास लगातार आ रहा है,
इसलिए नहीं कि हम नदी या तलाब हैं,
जिसमें मिल जायेगा
बल्कि इसलिए कि हम वे टीले हैं
जिन्हें घाव-ही-घाव हैं
टूटे हैं तड़के हैं
फिर भी ठहराव है
एल रुकाव है, इसीलिए सब तरफ़ चेहरे ये पीले हैं
वह आ रहा है, अनक़रीब है,
हमें बहा ले जायेगा !!
कहाँ ले जायेगा ?

तो उसी का एक क़िस्सा है
पुराने ज़माने में
भयानक परिपाटी-सी
एक घाटी थी
उसकी वह माटी भी अजीब थी
बहुत ग़रीब बहुत बदनसीब थी
वहाँ कई लड़ाइयाँ हुई थीं
ख़ूब ठठरियाँ फैली थीं
टूटी हुई हड्डियों के टुकड़े
अभी भी देखे जा सकते हैं
निरखे जा सकते हैं, परखे जा सकते हैं।
लेकिन कौन इस धन्धे में पड़े !
तो हाँ, वहाँ हज़ारों किसान मारे गये थे
बड़े युद्धवीर थे
इसीलिए तलवार के घाट उतारे गये थे
और भी दूसरे कई-कई लोग थे

बड़े लड़ाकू थे मरण-संयोग थे ।
उन्होंने गढ़ और गढ़ियाँ
दुर्ग और क़िले ढहा दिये
बड़े-बड़े अहंकार और गर्व बहा दिये ।
आज उसी एक क़िले के हिस्से में
मेरा यह कालेज है
टेबल और मेज़ है
आर्ट्स और साइन्स, कॉमर्स हैं
मुझको यह हर्ष है
कि उसी क़िले के एक महत् सिंहद्वार के
ऊपर और नीचे के कक्षों में
मुझको बसाया गया
क्वार्टर्स बन गये ।

हाँ, तो उस पुराने ज़माने में
जिसका यह क़िस्सा है
उजड़े हुए गाँव और
ढहे हुए बुर्जों के ढूहों में
भग्नावशेषों के अजब चक्रव्यूहों में
एक रात अंगार-चन्द्र निकल आया था
लाल-लाल गोल धधकता हुआ
अजीब पल लाया था ।
कालिमा फैली थी
जिसमें वह भीषण अंगार-चन्द्र
कई उलट-फेरों का घोर बल लाया था !!

घाटी में ठठरियों
टूटी हुई जाँघों बीच
हड्डी के पंजों बीच
घास निकल आयी थी, फूल खिल आये थे
अँधियारी मद्धिम ललाई में
काला और भीषण था
और उस किनारे पर
पुराने दुर्गों के सारे भग्नावशेष
दायें और बायें थे !!

ढूहों की छाती पर हलकी ललाई थी
टूटी हुई सातवीं मंज़िल की
पुरानी मुँडेर पर
उगा हुआ तान्त्रिक पीपल भी
हवाओं में
हल्का-सा लाल था
अजीब-सा हाल था।

कि इतने में न जाने कहाँ से एक
उड़ता हुआ रात्रिचर पक्षी चुप
बैठ गया
बुर्ज के ख़ुर्राट कंगूरे पर।
[अपूर्ण]

एक के बाद एक

एक के बाद एक
स्फुरण व स्पन्द और
प्रेरणा का धड़कता हुआ लांग-जम्प

दिमाग़ी रगों की हिलीं टहनियाँ
व मस्तिष्क-गुम्बद-तिमिर में कहीं
अजब पालतू सौ ख़याल आपके
पंख फड़फड़ अकस्मात् करने लगे
घोंसलों से गिरने लगे वे मलिन
पंख, पर, बीट, तिनके कहीं
बन्द आँखें बँधे
मांस-रक्तिम-रुँधे,
(चेतना के) गिराने लगे अध-बने जीव-शिशु

पुराने महल में अकस्मात्
बादल-भरी ख़ूब आँधी घुसी
द्वार, खड़खड़ खड़ाखड़, कहीं टूटते-से लगे !!
सूने महल में कि कोई न चलता न चढ़ता-उतरता रहा
किन्तु वे

अकेले अँधेरे-भरे जीर्ण ज़ीने
        ध्वनित, पद-ध्वनित
                प्रतिध्वनित हो उठे
कि फुसला रहे शब्द
तम को व तुमको कि आँखें तिमिर में गड़ा
कान ऊँचे उठा
गाढ़ विश्वास कर लो ···!!
व मस्तिष्क का वह पुराना व सूना महल
गूँजता ही रहा भीतरी शब्द से,
क्योंकि चल-फिर रहे
कुछ अजीबो-ग़रीब अजनबी
पैर
मुश्किल जिन्हें जानना
पर कदाचित् सही प्राण वे
जो बहस कर पड़े यों वहाँ आपसी तौर पर
कि उनकी बहस काग़ज़ी हो उठी।

थिरक और सिहर
प्रेरणा के प्रहर चल पड़े फिर मशालें लिये
लाल पीतारुणी ज्वाल
फैली अँधेरेभरी भीत पर
भीत पर स्याह गाढ़े
गहन नील या कत्थई लाल गहरे
व पीले ज़बर्दस्त
रेखांकनों में खिंचे चित्र
यों मुस्कराने लगे।
···पहचान लो तुम स्वयं
कौन हम
भीत पर चित्र दीखे भयंकर, मनोहर, विराट्
उन्हें देखते ही खड़ी रह गयीं
वे मशालें कई
उन्हें जो मशालें रही देखतीं
मैं उन्हें देखता
वही चित्र मैंने यहाँ काग़ज़ी ठाठ से
निराली लकीरों फँसा रख दिये
चित्रकारी न कर !!

सड़क पर खड़े वृक्ष पर एक बैठा हुआ
गिद्ध कहने लगा—
मैं स्वयं-सिद्ध हूँ ;
कहन में बहुत भीतरी ज़ोर के
अति मधुर और मदिर
स्वानुभूतात्मविश्वास का ठाठ था
व निर्जीव पत्ते
प्रभावित व झंकृत हुए
तालियाँ दे उठे !!
गिद्ध-छाया तभी
कत्थई स्याह रेखा-बँधी
उस क्षितिज पर गिरी,
था जहाँ लाल रवि अस्तमित हो रहा।
और आकाश में
गिद्ध का रूप ले
मुस्कराते हुए
तैरते स्याह बादल चले !!
अचानक नदी-झील-तालाब में
गिद्ध के भव्य व्यक्तित्व के
बिम्ब-प्रतिबिम्ब
प्रत्यक्ष फ़ोटो व सौन्दर्यमय
चित्र छपने लगे !!
गिद्ध ने भी कई गिरि-शिखर-घाटियों की
समुद्घाटना की
कि फैली हुई धूप में सूखती अस्थियों के मनोहर
शिखर-अंचलों पर सिमटकर
नये धूम की साधना की
व राष्ट्रीय कर्तव्य का बोध करवा
महोत्सव-समारोह-उपलक्ष्य, उसने
लगाया वहीं एक बिरवा !!
ठाठ से फिर कहा गिद्ध ने
मैं स्वयं-सिद्ध हूँ
तो कणों में, कणों के कणों में औ' मधुर सनसनी
आत्म के भीतरी
कोष में ब्रह्म के ठाठ की उन्मनी
व्यग्र अनुभूति या वेदना बन गयी

वह मधुर सनसनी
हज़ारों व लाखों
पुराने सड़े जीर्ण खोखे
हृदय में मृदंगाध्वनित हो उठे।
आत्म-प्रस्थापना के
अनेकों प्रकार
शैलियाँ
जगमगाने लगीं।
व ऐसा गणित सब प्रमाणित हुआ
व उसकी परम-सूत्र संगति निभाने
उठे चल पड़े तर्क,
अनुभूति औ' उक्तियों के प्रभंजन
पर हाय
प्रत्येक अनुभूति
या तर्क
या उक्ति
गिद्ध-स्वरूप हो गयी
हृदय की कमल-पंखुरी
बन गयी गिद्ध का पंख-दल।

तभी तरु-तले एक बैठे हुए श्वान ने···
···लटकती हुई जीभ
अन्दर तुरत खींचकर
यह कहा
तुम महाबुद्ध हो···
[अपूर्ण]

उलट-पुलट शब्द

उलट-पुलट शब्द और
टूटी हुई लाइनें
न-उभरे हुए चित्र व
अपूर्ण लकीरें
मुझे नहीं सूझता कि मैंने क्या लिखा है
ढूँढ़ता हूँ किन्तु मैं उन्हीं में कि

वह कौन
अटकी हुई बात जो कि
भटकाती मुझे यों ;
अटकी हुई बात कौन ?
खँडेरों में ढूँढ़ता हूँ कौन तहखाने में
                रत्नों का ख़ज़ाना !!

एकाएक स्वप्न तैर आता है—
शैतान की फ़ाउण्ड्री
चारों-ओर
सटर-पटर ज़ंग खाये
लोहे की स्याह भीम मशीनों की विकराल मुद्राएँ।
भीतर अँधेरा है।
अँधेरे के बीच लाल चमकता घेरा एक।
घेरे में खड़े हुए फूले हुए जड़ीभूत
साँवले चेहरों पर फैली हुई ललाई
लाल-लाल लोहे का
                संशयालु आलोक
रहस्यमय फैला है वहाँ पर।
मन्द प्रशिक्षणार्थी मैं।
साँचे में ज़बर्दस्त
पिघला हुआ सीसा उँड़ेलता हूँ
द्रवीभूत कुमकुमी रंग वह
बनता है ईंटनुमा
धीरे-धीरे साँवला।
सँवलाये सीसे की देह पर
                चिनगियाँ जमीं फिर।
विक्षोभ पड़ गया साँवला
और फिर उसी लौह
साँचे से मूर्ति एक
निकली है जड़ीभूत।
और, फिर, मुझसे यह कहा गया
यह मूर्ति तुम हो
तुम ख़ुद।

मुझे काठ मार गया ; कानों में अनहद

सुनता हुआ नाद मैं कि भाग खड़ा हुआ था
व सड़क पर ख़ाली पड़ी, सुधरने को आयी हुई
कैल्टेक्स-स्टेनवाक
कम्पनी की विकराल टंकी के ऊपर चढ़···
बड़ी भारी टंकी वह लोहे का रूम थी कि
ऊपर मैनहोल से
मैं धम-से गया कूद
अतल तल में मैं !!···
अँधेरा···अँधेरा···और घेरा···
अथाह था।
कि काजली कम्बलों की
भीतरी तहों को अनेकविध
उठाता-निकालता कि
तम की प्रदीर्घ व असीम सुरंग से
पहुँचा मैं न्यूयार्क
वाशिंगटन···
चलता हूँ अमरीकी सड़क पर
मुझे ख़ूब डर है कि एफ़. बी. आई. सहसा
कहीं मुझे धर न ले
मेरे पास वीसा न पासपोर्ट
हाय-हाय अनधिकृत घुसपैठ !!
किन्तु, फिर सोचा कि ऐंठकर
बन जर्नलिस्ट मैं
(कवियों की क़ीमत कहाँ है अब)
पहुँचूंगा कहीं भी।

हवा में सर्दी का तार झनझनाता है !!
दाँत किटकिटाते हैं
ट्रैम-बस-कारों के रेले ख़ूब आते चले जाते हैं !!
होंठों के बाहर आ ज़बान बर्फ़ होती है !!
सोचता हूँ मज़दूरी शारीरिक श्रम कर
कुछ गरमी आयेगी कि इतने में
हाय ! हाय ! दीखता है भयंकर चेहरा एक
बढ़ता हुए मेरी ओर एकटक
बढ़ता हुआ मेरी ओर
परिचित-सुपरिचित चाल-ढाल

मस्त !!
कन्धे पर एकाएक हाथ और थपथपी
मेरे तन कँपकँपी थर्राहट
एफ. बी. आई. ?
हाय मैं निःसहाय !!

सहसा बदल जाता दृश्य और
शहर के बाहर कोई ख़ूबसूरत देहात
प्राचीन पेड़ तले छायादार
हम दोनों जमे हैं
मेरा दोस्त
मैं खुद।
कन्धे पर हाथ रख
सुनाता है कविताएँ मुझे वह
और मैं सोचता हूँ 'कितना सुख
आज मुझे हुआ है !!'
कविता उसकी है
                देश-देश फैले हुए
                नीले आसमान की
हर गाँव नगर में सुनहली
                भरती हुई
                रश्मियों के विहंग-गान की
कविता के शब्दों में कोयल की आवाज़
छन्दों में झरने की गूँज और
कहन में मनोरम दृश्यों की पाँतियाँ

मुझे कितना सुख है कि उस युवा कवि को
अमरीकी होकर भी अफ्रीकी फ़िकर है
ज़िन्दगी को शानदार बनाने की तड़प और
तड़प का ज़िकर है !!
मुझे कितना सुख है कि सहधर्मी एक यह
मुझे यहाँ मिला है,
साँचे में ढली हुई
मूर्ति से निज की
साँचे में ढली हुई
स्फूर्ति से निज की
भागा मैं, अच्छा हुआ !!

अमरीकी जनता का प्रतिनिधि
मुझे मिला मेरा दिल सच्चा हुआ।

साँझ उतरी रंग लेकर उदासी का

साँझ उतरी रंग लेकर उदासी का
पर्वतों के पास
बिम्बिता झीलें हुई गम्भीर
साँझ की मानो सखी हों
गगन में है गेरुई कुछ बेरुखी-सी
दूरियाँ फैली हुईं
आकाश की अति-नील छायाओं सरीखी
मैं यहाँ मैदान-पथ पर जा रहा हूँ !!

अब बरसने पर उतारू हो गया
यह साँवला हलका धुँधलका नील
दार्शनिकता भर रही है व्यर्थता का बोध
दूर छूटे शहर में वह चर्च की मीनार
नील-गहराई-तिमिर में मिल रही है !!
मैं तिमिर में मिल उदासी का बना अद्वैत
भीतर से सघन—
सत्-चित् नहीं आनन्द !!
गगन के तारे हुए हैं झलमलाते गणित के शत अंक
वह गणित जो हल न मैं कर पा रहा हूँ
किन्तु वह गिरि-लहर-रेखा-क्षितिज पर धुँधली
कर रही मुझको प्रभावित
अप्रभावित आत्म-स्थिरता से
दूर वह है व्यूह इमली के दरख़्तों का
कि वह निःसंग फिर भी सख़्त कैसा क्या !!
आकाश की छाया सरीखी दूरियों में ख़ूब
इस तिमिर में इस गगन के नीचे
नहीं मैं झूठ बोलूँगा !!
प्राण की सब गुत्थियों की वेदनाएँ क्यों न खोलूँ मैं
झाड़ियों में बैठ, मैं कुछ सोच भी लूँ !!

कष्ट देती हैं मुझे ये सब दिशाएँ
एक कहती है इधर आओ
जा नहीं सकता सभी की ओर
सबके साथ
घेर बैठी हैं मुझे गम्भीर-मन सब आत्माएँ
जा नहीं सकता सभी के पास
रग-रगों में फैल ये संवेदनाएँ
कर रहीं अनगिन तक़ाज़े
सब तक़ाज़े सुन नहीं सकता हृदय का त्रास
आदर्श की संवेदना के हाथ में
यह मानव-मूल्यों की तुला
मुझको अकिंचन कर रही—औ' साथ में
निज भर्त्सना की लौह-कर अर्गला
उस द्वार पर मेरे लगा
आनन्द आने ही नहीं देती !!
दोष किसका है !!
बुद्धि का यह काम
वह मापे ज़मीन
मँगवाय गिट्टी
रास्ता बन जाय मेहनत से
किन्तु ये संवेदना
सबका तक़ाज़ा
चाहती पूरा अभी और एकदम
उनका गणित कैसा अजब
जी, मैं मरूँ तो कुछ नहीं
मर जायें वे संवेदनाएँ
किन्तु ना

इसलिए मुझको हुई ईर्ष्या
चट्टान-टीलों से पहाड़ों से
तिमिर से
सूने दरख़्तों से
कितने आत्मतन्त्री
लीन और तल्लीन अपने में

काश मैं
निज से बड़ा
और सख़्त हो पाता !

मालव-निर्झर को झर-झर कंचन-रेखा

[1]

मालव-निर्झर की झर-झर कंचन-रेखा बन
जब युग उतरा
साहस की रश्मि-शलाका बन
तब मैंने अपने में देखा,
या नीले सपने में देखा—
उदयाचल की पर्वत-रेखा
द्युतिचेतोमय, दृढ़-शान्त, आत्मसंवेदनमय, सिद्धान्तों-सी
अपने मनोज्ञ कर्पूर-ज्योति-से रंगवाले शिखरों पर
वह लाल-लाल सूरज थामे
थी खड़ी भव्य रक्ताप्लावित गम्भीर
···कि मन की एक लगन !!

[2]

अत्यन्त विराट् उपस्थितियों के सम्मुख कर
जन-मानव को लघु-अल्प बनाना चांहा था
जिन लोगों ने
अथवा आभ्यन्तर मन की अक्षमताओं-विकृतियों के सम्मुख कर
जन-मानव को संक्षिप्त बनाना चाहा था
जिन लोगों ने
वे लोग नहीं समझे कि सुनहले मैदानों
के खुले-खुलेपन के बेहद भागते छोर
के पीछे भाग रहे पैरों-जाँघों में गरम सुनहला खून
बिजलियों का-सा है
यह जीवन गहरा है, ऊँचा है, प्यासा है।
वह अति-साधारण फटेहाल ही क्यों न रहे
पर, उसके अपने पास दार्शनिक कविता-सी
जो त्वराभरे जीवन के ध्रुवा-गीत की यात्रा-सी
जीवन्त मान्यना-सी

जिसके अनुरोधों द्वारा जगत्-चक्र की गति
अपने अनुसार मोड़ना चाहता है।

[3]

युग के जग के गहरे विक्षोभों के अनथक
भूचालों ने फाड़ी ज़मीन ही नहीं, वरन्
जब एक धरातल नभ तक लाकर खड़ा किया
जीवन ही ऊँचा उठा दिया
मानव-अनुभव की संचित शिला-शैलियों के
ऊँचे त्रिकोण से शैल-शिखर पर उगा दिया
वह जगन्मनोहर मेधावी रक्ताक्त सूर्य
या उस-जैसा इन्सान कौन,
जो दीख रहा ?
सच तो यह है
जो लाल-लाल भीतर प्राणों में लहराता
जीवन-अनुभव का रुधिर ताल
उस रक्त-ताल के तल में से
फूटा है गहरा रश्मि-जाल
सच, हृदय-रक्त के लाल थाल
में डूबा, गहरे डूबा है,
जीवन-विवेक
दुर्दान्त ज्ञान का मणि अशोक
वह मणि है या रवि-खण्ड एक
जिसकी अशान्त किरणें फिरती हैं सभी ओर
खोजतीं ढूँढ़तीं लगातार
जीवन-अनुभव के शैल-शिखर पर खड़े हुए
अपने अखण्ड रवि का तेजस्वी बिम्ब भाल !!

[4]

उस मणि की किरणों ने खोजे
गंगा के, रेवा-क्षिप्रा के
कृष्णा के कूलों के उठान
पर भव्य गूँजते हुए गान ;
या हृदय-रक्त
के स्वर-चिह्नों में व्यक्त नया इन्सान एक
घन तम में विद्युत-से प्रतिपल

कौंधते हुए प्रश्नों के दल
को दिनमानों-सा समाधान या मानदण्ड
सूरज के टुकड़े ने—मणि ने
खोजा अपना भास्कर अखण्ड
जन-जन के संघर्षों में जीवन की उठान का आसमान।

[5]

मिथ्याचारों भ्रष्टाचारों की मध्य रात्रि
में सभी ओर
काले-काले वीरान छोर।
ख़ुदग़र्ज़ी के बदसूरत स्याह दरख़्तों की
गठियल डालों पर रहे झूल
फाँसी के फन्दों में मानव-आदर्श-प्रेत !!
जैसे सूखे जंगली-बबूल
वैसे निर्हेतुक जीवन की शुष्का कविता।
सत्ताधारी की पैशाचिक हड्‌डी के पंजे की सत्ता
जीवन-हत्याओं की काली यह रोमहर्षमय देश-कथा
अब क्षितिज-क्षितिज पर गूँज रहा
चीखता हुआ-सा एक शोर
शोषण के तलघर में अत्याचारों की चाबुक मार घोर।

[6]

ये तपी ज़िन्दगी के पठार
के कड़े कोस
चिलचिला रहे, आग-सी धूप,
अथवा विराट् युग का व्यापा है क्रुद्ध रूप।
ज्यों लौह-खण्ड के लाल सिरे पर स्वर्ण-शिखा
या क्षुब्ध पहाड़ी मिट्टी के कण में प्रचण्ड
रवि की कणिका
धधके,
वैसे, विचार भभके
मानो वे हों गहरे जन-संगर के प्रसंग
या युग-युग की अनुभव-पीड़ा के लाल-लाल
पत्थर के ज्वलत् कोयले के दुर्धर स्फुलिंग
विस्फोटों से उत्पन्न,
कि जिन विस्फोटों द्वारा ही

मेरे जन खनते रहते, इन्सानी मिठास
के नये-नये
तालाब-कुएँ
मानव-सम्बन्धों के आशय अमृत-स्वरूप
ये तपी ज़िन्दगी के पठार चिलचिला रहे
···है भव्य धूप !!

[7]

भूरे वीरान खँडहरों की ढूहों-खड्डों से कटी-पिटी
सुनसान भूमि में भी,
भीषण उदास टूटी भीतों के आस-पास
गुंजान शून्य में भी,
ताज़े गुलाब के फूल चमकते रहते हैं ;
चम्पा की डालों में नीला आकाश फँसा रहता,
वन-मुग्ध कुन्द के तारे हमें देखते हैं।
अस्तित्व-समस्याओं के फूटे आँगन में
त्यों मानवीय माधुर्य-अनुभवों की छवियाँ
घन-मौलसिरी, केवड़ा, करौंदी-सी अपनी
मृदु महक-छाँह डालकर
कि दीप्त किरण फेंककर
वीरानी में दिल की मिठास घोलतीं,
बेचैन किये रखतीं उदास भी करती हैं।
ज़िन्दगी और उलझा देतीं
वे मानवीय माधुर्य-अनुभवों की छवियाँ।

ज़िन्दगी एक जंगल है,
जिसकी पेचीदा पगडण्डी पर
ठोकर से, पैर-अँगूठे के
उखड़े नख में से बहते ख़ून लाल ताज़े
का तेज़ दर्द भुलवा, कोई
द्युति-चुम्बन की झाँई आकर
आत्मा विद्युन्मय करती है।
हम बीहड़ वन में सर्प भयावेष्टित
आलिंगन में आवेष्टित चलते जाते हैं।
वे मानवीय माधुर्य-अनुभवों की छवियाँ
हमको सहारती जाती हैं

अकुलाते क्षुब्ध रहित में, तीव्र न्यून में भी।

हम खँडहर के वासी हैं···
कोमल खुली-खुली आकाश-नीलिमा को पीकर
तारों की गतिविधियाँ जीकर
गहरा दिक्-बोध हमें होते रहना स्वाभाविक है,
करते जाते हैं तीखा-तीखा विश्लेषण।

रखते हैं ध्वस्त भीत के आले में दीपक,
उसकी आलोक-महक में बालक हँसकर भी
गम्भीर-गहन, एकाग्र, पीत-मुख दिखते हैं ;
माना कि ज़िन्दगी बदरंग विकृताकृति-सी है ;
पर, उसके दरिद्र परिदृश्यों के भीतर भी
वे मानवीय माधुर्य-अनुभवों की छवियाँ
जाने क्या-क्या कर सकती हैं,
दिल में मीठी ताक़त-सी एक कसकती है,
व्यक्तित्व महकते रहते हैं।

ज्ञानात्मक संवेदन के कोमल पारिजात
की सुगन्ध-लहरों में से लपट निकलती है,
उन लपटों में से चन्द्र-सूर्य
द्युति-जगत् निकलते रहते हैं
आगामी के।
बस, इसीलिए
वे मानवीय माधुर्य-अनुभवों की छवियाँ
यह कहती हैं—
'पार कर मुश्किलें सभी
जादुई अरुण कमल
उस दूर देश के रश्मि-विकीरणशील सरोवर का
तुम ला देना,
एकाग्र प्रयत्नों का वह कोमल अमृत पिला देना,
सन्तापग्रस्त जीवन की दुर्निवार औषधि लानी होगी
यों मर-मरकर ज़िन्दगी यहाँ पानी होगी···'
बस इसीलिए
हम प्रिय-जन की

मृदु कृपा-दृष्टि या कोमल स्मित
के लिए तरसते रहते हैं ;
इस कारण ही
व्यक्तित्व-भव्यता
जीवन-अनुशासन, समाज-परिवर्तन के
सपनों से कोमल रंग बरसते रहते हैं ;
आत्मा विद्युन्मय होती है द्युति-चुम्बन से
अक्टूबर में भी और जून में भी ।

[8]

जीवन-यथार्थ के गणितिक विश्लेषण में रम
तुम स्वयं, एक—
सबकुछ कटने-पिटने के बावजूद बच रहती संख्या के अनुक्रम
में देख
गहन सौन्दर्य-स्वप्न-माया
गम्भीर-मुखी सोचने लगीं !!
मीठी विशाल लहरों में जी भी अकुलाया !!
वह नित्य शेष क्या है ?
जन हैं !!
मन है, हम हैं, यह जीवन है
जिसके उन्मेष-अनुभवों की मिठास पीकर
मन में रंगीन धुँधलका या
उद्दीप्त सुनहला बादल-सा !!
जिसके आवेशों में बहकर
धीरे बढ़कर
नव-जिज्ञासा की किरणांगुलियों से
मेरे मन के हलके से खोले अन्ध-द्वार !
तब समझा—
मानव-मुक्ति-यत्न के रूप बहुत
प्रेरणा एक, पर हैं अन्वेष-स्वरूप बहुत
मैं समझ गया—
मन की किरणें ही खोज रहीं
यों एक नये रवि का-सा मानव का निखार !!

[9]

जाने किस मिठास के उजले, सब पहचान रहे पल में उदार

तुम अकस्मात् यों व्याप गयीं
क्षिप्रा-तट की ठण्डी बालू के सुप्रसार
को किरणों की ऊष्मा ही जैसे माप गयी।
झरने की झरझर कंचन-धारा अकस्मात्
पथ रोक गयी, पथ चीर गयी
झुरमुट-तल की एकान्त गन्ध
मुझको छूकर
वासन्तिक विश्वासों की गहरी पीर हुई।
यह देख आज मैं स्तब्ध हुआ,
स्वाभाविकता की ऐसी आकस्मिकता पर मन मुग्ध हुआ।

[10]

यह सुबह-सुबह की हवा, आसमानी तलाश
में घर-आँगन के आस-पास
उसके भीतर
ताजे मुख छू, बाहें छूकर, ऊपर उठकर
गम्भीर मर्मरित करती है
पीपल को, त्यों
मेरे मस्तक में बात सरसराती-सी है
वह कहती है—
मैं नहीं जान पाया, तुम कब से व्याप गयीं
ऊष्मा बनकर बालू के कण को माप गयीं,
...
मैं सोच इसे हो जाता हूँ यूँ ही उदास
यद्यपि बन जाती छन्दों की लम्बी लकीर भी अनायास !!

[11]

कब एक-दूसरे के वैयक्तिक तल पर, बोलो, गया ध्यान !!
पर, ठीक उन्हीं भीतरी घाटियों में सहसा
बहता आया, दोनों की आँखों से ओझल,
स्नेह का एक निर्झर सुनील !!
जी के झरने में जल में
मानव-युग की कंचन-रेख खिंची,
बस एक अवश्यम्भावी भावी की मिठास ज्योतित !!
इस वर्तमान के काले ताने-बानों के सौ मकड़-जाल
को दूर अलग करने में डूबे थे कि तभी

कठिन पिछले अनुभव
सारा विक्षोभी ज्ञान और
आपस में उलझे-से अजस्र
सन्ताप-अश्रु-चिन्ता सहस्र
बातों-बातों में दोनों के
यों उठे-घिरे, यों छँटे-छने यों भरे-झिने
मानो विस्तृत रेगिस्तानी मीठे पानी की एक झील बन गये
व उनके आस-पास
मानव-अन्तर की एक सभ्यता का-सा सुन्दर मरूद्यान हो गया
कि जिस आन्तरिक सभ्यता का अपना इतिहास
कठिन संग्राम-काव्य, रोमांस, ललित-विस्तर
गुणाढ्य की छल-उद्घाटक बृहद्-कथा
है मानवीय माधुर्य क्षणों की द्राक्ष-लता
जिसके भीतर,
उस मरूद्यान के सरवर में से फूट पड़ा
निर्झर नीला
मेरे जी में बहता आया
बस वही तुम्हारे अन्तस्तल में लहराया !!
उसका कितना मीठा पानी
मानो असंख्य अनदिखे अछूते फूलों का उसमें पराग
केसर का-सा, ईमानभरा, अनकहा गहन आत्मीय राग
घुलता रहता।
मानो सारा संकोच त्याग खुलते जाते
मृदु अन्तराल
आश्वासभरी ऊष्माओं के।
इस मानव-तल पर एक हुए हम दो समान,
कब एक-दूसरे के वैयक्तिक तल पर बोलो गया ध्यान ?

[12]

प्राकृतिक झील का जल पीकर तुम परिणत थीं
मानो बलूच स्त्री पर्यटिका
भीतर थी प्रतिपल नरम आग
या अग्नि-पुष्प
अन्तर्जीवन अंगारों की वाटिका।
तब अकस्मात् गहरी उचाट
खा, तन-मन में

चल पड़ने की व्यग्रता
अपने प्रति, जग के प्रति कोई उग्रता
दैनिक उथले जीवन के नित्य समानान्तर
गहरे जीवन की धाराएँ भीतर-भीतर
इस द्वैतपूर्ण विघ्न को मिटा
अग्रतः प्रयत्नों की उदग्रता में तुम भी
देखने लगीं बेचैन स्वप्न
उस जीवन का
जिसमें व्यक्तित्व-चरित्र-भव्यता के युयुत्सु
प्रेरणा-उत्स धारणा करने के कारण ही
निर्वासित-निष्कासित होते हैं लोग
कि वे अज्ञातवास में फिरते नंगे पाँव
अपने तन-मन-जीवन पर दुःसह उज्ज्वल भावों के प्रयोग
करके वे दुर्निवार होते
धन-सत्ता की नींवें कुरेदते वे अपार होते।
तुम आसमान के नीचे धरती पर निर्मल
केवल मनुष्य, केवल मनुष्य
बनने को यों आतुर कि मुझे
भवितव्य तुम्हारा दिखा बहुत भीषण-उदास
ध्वंसों का डीलडौल ऊँचा
जिसके समीप
वह नयी सड़क जो बनी
सिर्फ़ वह एक मील
हाँ, एक मील
करना होगा पूरा प्रयास
मरने का, मरते रहने का पूरा प्रयास।

[13]

जिसकी मैंने तुमको उपमा दी अकस्मात्
उस निर्झर की झरझर कंचन-रेखा सुनील
में हाथ डुबो
जिस जल को पीने गया मैं कि
वह पानी था ही नहीं, वरन् यह ज्योतिवाह
नक्षत्रों-ताराओं का था वह द्रवीभूत
तेजस् प्रवाह
युग के अनुभव-लक्ष्यों की उसमें डूबी थी नीली प्रभात

जिसकी मैंने तुमको उपमा दी अकस्मात् !

[14]

ये दो विभिन्न-प्रान्तों में वह, अयास
अपने-अपने व्यक्तित्वों की ले भिन्न गन्ध
अपनी-अपनी पर्वतमालाओं से ला भिन्न-रूप अनुभव-बालू
दोनों निर्झर कैसे लगते हैं आस-पास !!
जब दोनों की युग-प्रात एक, युग-निशा एक
है एक जबकि दोनों की मंज़िल, दिशा एक
वे एक-दूसरे की मंज़िल बन गये आप।
वे एक-दूसरे को नीले-नीले अनन्त-से लगते हैं !!
अनुभव-स्फुलिंग किंशुक-पलाश बन जगते हैं
मानो भीतर का वसन्त अगली कठिन परीक्षाओं
की गहन गभीर अपेक्षाओं से पीड़ित रहता हो
भर ऊष्म श्वास !!

[15]

सूखे हुए बबूलों के वन-मैदानों के आसमान
में खिला चाँद,
मीठे समीर-सा लहराया
मैदानी आत्मा का सोंधा आशीर्वाद
मुग्ध-स्मिता चाँदनी के
अज्ञात प्रदेशों के अछोर
से बहती है
विस्तार-भव्यताओं की चेतन एक गन्ध
उसकी मीठी कोमल झकोर
या कोई गहरा कर-स्पर्श
या उर-स्पर्श
हममें उँड़ेलता अकस्मात् नवीन साक्षात्कार
मीठी ज्वलन्त पहचान नयी,
गहरी कोमल अहं-अस्मि-वेदना सजग हुई !!
फिर भी, वह क्या ?
सप्रश्न हमीं !!
हम-तुम दोनों चुपचाप मग्न मन में
अनुभव करते रहते नूतन जन में
अंगारी रिश्ते का पहचाना चेतन दर्दीला उठान !!

अंगारी संज्ञाओं का दर्दीला उभार
भीतर-भीतर बह उठता है,
चाँदनी रात में, बर्फ़ानी परतों से मानो पिघल उठे
जल-अमल-रुपहली चन्द्र-धार
या गंगा अकुलाते प्रकाश की
प्राण-श्वास आशाभिलाष की
बाँध रही भू-नभ को जो
गाँठों में गहरे प्राण-पाश की।
सत्य में स्वप्न
स्वप्न में सत्य
की मिली-जुली सम्मिश्र गन्धवाही बयार
बहती है सूखे हुए बबूलों के मैदानों में अपार
जो अरे, बना जाती हमको
चेतन अंगारी चमत्कार।

झरबेरी के ही आस-पास
हैं मुग्ध भटकटैया के पीले फूल खिले
जंगल-तुलसी की साँस-साँस
गूँजते मौन लक्ष्मण के स्वर—
'उर्मिले, अरी उर्मिले!'
बीसवीं सदी की मानवीय उलझनें
औ'…मानवीय प्रेरणा
ले ही आयी जब यहाँ हमें,
थूहर के सजग-कण्टकित रक्त-कुसुम-वन में
हम अजी, नये आदमी बने!!

वन-मैदानों की पगडण्डी
के कूल-किनारे उगे हुए
चाँदनी रात में खिले नयन
शत शिला-सन्धियों से उकसे पुष्पित लोचन
दर्शन-आलोचन भावों में
हैं देख रहे—
पगडण्डी पर आगे बढ़ते
ये सधे उदय जिन दोनों के
वे तिमिर-दिशा में सुप्रभात-से होने के।
प्रस्तरी दरारों से उभरे

इन वन-फूलों की आँखों में
शबनमी चमक बन तिरती हैं
सब व्याकुल सम्भावी सुबहें
अब अपनी बातें कौन कहे !

इन सूखे हुए बबूलों-वनों के मुग्ध
चाँदनी-देशों में
हम अपने मन की ज्योत्स्ना के आवेशों में
जीवन-अनुभव के अपने-अपने वातायन
से झाँक रहे
या एक-दूसरे को ऐसे थे देख रहे
मानो कि सामने —
मुग्ध नयन मानवी उषस्-सौन्दर्य-दृश्य
या कोई आविष्कार नया,
अपने-जैसा ही चमत्कार !!

पीपल के नव-मर्मर रव से
निर्झर के निर्झर-अनुभव से
यूँ बहते हुए अनन्य
एकता के समीप
हम सहसा, दूर, विभक्त हुए
फिर अलग-अलग जाकर
निज पर विस्मित होकर
अनुरक्त हुए,
जीवन-गलियों-रास्तों-चौराहों की अनगिन
रेखा-रंगों के बारे में हम बोल पड़े
वे अनुभव सारे मुखर हुए,
मानो उनके छाया-शरीर
इन मुग्ध चाँदनी-देशों में हैं विचर रहे।

[16]

आपस की बातचीत में रम
अनुभव के सिन्धु-गीत में हम
शिखरों पर पहुँचे-से ही थे कि अकस्मात्
जाने किस आकस्मिक जागृति से संज्ञाहत,
आहत हम

अज्ञेय शक्ति के तडित् वज्र-से हम परिणत
भीतर से पहचानती हुई
गहन वेदना की पुकारती प्राण-लहर-सी उठी
कि उसको दबा लिया
यों तडित् वज्र को अपने भीतर खपा लिया
मानो कि आज सब हुआ ख़त्म
मिट्टी के कण-कण में नक्षत्रों के कण-कण से हम और तुम
नि:शेष हुए, बाक़ी न बचे
बस शेष रह गयी एक पीर
मानो यह फैली हुई धरा और आसमान
आपस में घुल, ले नया रूप
बन गये एक वह संवेदन-व्याकुल समीर
बेचैनी में जो भाग-भाग
करती-सी है सीमान्त-पार
योजनों दूर से मँडराती पागल पुकार-जैसी बयार ! !

दोनों की आँखों में उदिता संज्ञा की लौ
ने एक-दूसरे को देखा—
कुछ उठती-गिरती और बिलमती लहरीली सागर-रेखा
सागर संवेदन-रेखा
ने पूछा—'यह क्यों, यह सब क्यों
ओ री ! छवि की आकाश-दिशाओ, उत्तर दो'
आँखों में किन्तु ख़ुशी की कोमल चन्द्र-किरण
शबनम-जैसी कुछ दर्दीली पहचानों की,
मुसकरा उठीं बल खाकर छायाएँ विशेष
कुछ गरबीले अभिमानों की चेहरे पर थीं !!
फिर मुक्त हास के स्वर में डोल गये
संकोच गया उलझन में जब कुछ बोल गये
फिर मौन कि फिर नीरवताएँ
चाँदनी-सलिल से धुली हुई
मन की गरिमा थी श्वेत-शिखर-सी खिली हुई
हम भावोन्नत ज्योत्स्ना के मोहित चन्द्र हुए
जीवन की धरती
मन के नीले
आसमान से मिली हुई
बीसवीं सदी की मानवीय उलझनें

और मानवीय प्रेरणा···
एकान्त किनारे लायेगी किसने यह था कब कहाँ सुना
पिघले कुन्दन-सी आँच-भरी वेदना लिये
सहसा स्वचेत हम हुए कि लहरायी अजीब
जगभर को, जी में भर लेने की अकुलाहट
'मैं क्या न करूँ, क्या कर डालूँ, सब कुछ कर लूँ'
के भावों की अपने ही कानों में आहट !!
यों लगा कि मीठा असन्तोष छटपटाहटें
अब बहुत सनातन बनकर मन में उभरी हों
भू को नभ से जोड़ते हुए स्वर्गीय
रश्मि के नये फूलों-सी निखरी हों
वह साफ़ दीखती पगडण्डी-सी चमकी है
भीतर-ही-भीतर असि-धारा दमकी है
उस एक पीर के नाते मानो सधे हुए
इतिहासों के मानवी स्पर्श सब बँधे हुए
जन-प्राण-दिशाएँ थीं आपस में मिली हुई।
उसके बारे में कहते थे
हम-तुम अपने-अपने मन से
मानो अनादि कहता अनन्त से
पल क्षण से।
जीवन-यथार्थ के स्पर्शों में
सत्य के नये आवेशों में
मन गंगा-यमुना से कृष्णा तक हो आया
लौटते हुए पैरों की ध्वनि यह कहती थी
जीवन की कितनी है प्रदीर्घ
कितनी मीठी मानव-छाया !

दो अमोल रत्नों की आभाएँ पसार
ज्यों दो विचार
आगे-आगे बढ़कर गभीर
निष्कर्ष एक में समा चलें
त्यों एक-दूसरे के निष्कर्ष बने-से हम चलते जाते
सोचते हुए
झरबेरी के आस-पास
जब विश्व-तृषा की स्वर्णपाश
तब वन-तुलसी की मंजरियों में खिलता है अपना हुलास,

अपना सब कुछ
इन सूखे हुए बबूलों के वन-मैदानों के आसमान में खिला चाँद
मीठे समीर-सा लहराया
मिट्टी की आत्मा का गहरा आशीर्वाद।

कहने दो उन्हें जो यह कहते हैं

कहने दो उन्हें जो यह कहते हैं—
'सफल जीवन बिताने में हुए असमर्थ तुम!
तरक़्क़ी के गोल-गोल
घुमावदार चक्करदार
ऊपर बढ़ते हुए ज़ीने पर चढ़ने की
चढ़ते ही जाने की
उन्नति के बारे में
तुम्हारी ही ज़हरीली
उपेक्षा के कारण, निरर्थक तुम, व्यर्थ तुम!!'

कटी-कमर भीतों के पास खड़े ढेरों और
ढूहों में खड़े हुए खम्भों के खँडहर में
बियाबान फैली है पूनों की चाँदनी,
आँगन के पुराने-धुराने एक पेड़ पर।
अजीब-सी होती है, चारों ओर
वीरान-वीरान महक सुनसानों की
पूनों की चाँदनी की धूलि धुन्ध में।
वैसे ही लगता है, महसूस यह होता है
'उन्नति' के क्षेत्रों में, 'प्रतिष्ठा' के क्षेत्रों में
मानव की छाती की, आत्मा की, प्राणों की
सोंधी गन्ध
कहीं नहीं, कहीं नहीं
पूनों की चाँदनी यह सही नहीं, सही नहीं;
केवल मनुष्यहीन वीरान क्षेत्रों में
निर्जन प्रसारों पर
सिर्फ़ एक आँख से
'सफलता' की आँख से
दुनिया को निहारती फैली है

पूनों की चाँदनी।
सूखे हुए कुओं पर झुके हुए झाड़ों में
बैठे हुए घुग्घुओं व चमगादड़ों के हित
जंगल के सियारों और
घनी-घनी छायाओं में छिपे हुए
भूतों और प्रेतों तथा
पिशाचों और बेतालों के लिए ही—
मनुष्य के लिए नहीं—फैली यह
सफलता की, भद्रता की,
कीर्ति-यश-रेशम की पूनों की चाँदनी।

मुझको डर लगता है,
मैं भी तो सफलता के चन्द्र की छाया में
घुग्घू या सियार या
भूत नहीं कहीं बन जाऊँ!
उनको डर लगता है,
आशंका होती है
कि हम भी जब हुए भूत
घुग्घू या सियार बने
तो अभी तक यही व्यक्ति
ज़िन्दा क्यों?
उसकी वह विक्षोभी सम्पीड़ित आत्मा फिर
जीवित क्यों रहती है?
मरकर जब भूत बने
उसकी वह आत्मा पिशाच जब बन जाये
तो नाचेंगे साथ-साथ सूखे हुए पथरीले झरनों के तीरों पर
सफलता के चन्द्र की छाया में अधीर हो।
इसीलिए,
इसीलिए,
उनका और मेरा यह विरोध
चिरन्तन है, नित्य है, सनातन है।
उनकी उस तथाकथित
जीवन-सफलता के
खपरैलों-छेदों से
खिड़की की दरारों से
आती जब किरणें हैं

तो सज्जन वे, वे लोग
अचम्भित होकर, उन दरारों को, छेदों को
बन्द कर देते हैं ;
इसीलिए कि वे किरणें
उनके लेखे ही आज
कम्यूनिज़्म है···गुण्डागर्दी है···विरोध है,
जिसमें छिपी है कहीं
मेरी बदमाशी भी।

मैं पुकारकर कहता हूँ—
'सुनो, सुननेवालो !
पशुओं के राज्य में जो बियाबान जंगल है
उसमें खड़ा है घोर स्वार्थ का प्रभीमकाय
बरगद एक विकराल।
उसके विद्रूप शत
शाखा-व्यूहों निहित
पत्तों के घनीभूत जाले हैं, जाले हैं।
तले में अँधेरा है, अँधेरा है घनघोर···
वृक्ष के तने से चिपट
बैठा है, खड़ा है कोई
पिशाच एक ज़बर्दस्त मरी हुई आत्मा का,
वह तो रखवाला है
घुग्घू के, सियारों के, कुत्तों के स्वार्थों का।
और उस जंगल में, बरगद के महाभीम
भयानक शरीर पर खिली हुई फैली है पूनों की चाँदनी
सफलता की, भद्रता की,
श्रेय-प्रेय-सत्यं-शिवं-संस्कृति की
खिलखिलाती पूनों की चाँदनी।
अगर कहीं सचमुच तुम
पहुँच ही वहाँ गये
तो घुग्घू बन जाओगे
सियार बन जाओगे।
आदमी कभी भी फिर
कहीं भी न मिलेगा तुम्हें।
पशुओं के राज्य में
जो पूनों की चाँदनी है

नहीं वह तुम्हारे लिए
नहीं वह हमारे लिए।

तुम्हारे पास, हमारे पास,
सिर्फ़ एक चीज़ है—
ईमान का डण्डा है,
बुद्धि का बल्लम है,
अभय की गेती है
हृदय की तगारी है—तसला है
नये-नये बनाने के लिए भवन
आत्मा के,
मनुष्य के,
हृदय की तगारी में ढोते हैं हमीं लोग
जीवन की गीली और
महकती हुई मिट्टी को।
जीवन-मैदानों में
लक्ष्य के शिखरों पर
नये क़िले बनाने में
व्यस्त हैं हमीं लोग
हमारा समाज यह जुटा ही रहता है।
पहाड़ी चट्टानों को
चढ़ान पर चढ़ाते हुए
हज़ारों भुजाओं से
ढकेलते हुए कि जब
पूरा शारीरिक ज़ोर
फुप्फुस की पूरी साँस
छाती का पूरा दम
लगाने के लक्षण-रूप
चेहरे हमारे जब
बिगड़-से जाते हैं—
सूरज देख लेता है
दिशाओं के कानों में कहता है—
दुर्गों के शिखर से
हमारे कन्धों पर चढ़
खड़े होनेवाले ये
दूरबीन लगाकर नहीं देखेंगे—

कि मंगल में क्या-क्या है !!
चन्द्रलोक-छाया को मापकर
वहाँ के पहाड़ों की ऊँचाई नहीं नापेंगे,
वरन् स्वयं ही वे
विचरण करेंगे इन नये-नये लोकों में,
देश-काल-प्रकृति-सृष्टि-जेता ये।
इसलिए, अगर ये लोग
सड़क-छाप जीवन की धूल-धूप
मामूली रूप-रंग
लिये हुए होने से
तथाकथित 'सफलता' के
खच्चरों व टट्टुओं के द्वारा यदि
निरर्थक व महत्त्वहीन
करार दिये जाते हों
तो कहने दो उन्हें जो यह कहते हैं।

सामाजिक महत्त्व की
गिलौरियाँ खाते हुए,
असत्य की कुर्सी पर
आराम से बैठे हुए,
मनुष्य की त्वचाओं का पहने हुए ओवरकोट,
बन्दरों व रीछों के सामने
नयी-नयी अदाओं से नाचकर
झुठाई की तालियाँ देने से, लेने से,
सफलता के ताले ये खुलते हैं,
बशर्ते कि इच्छा हो
सफलता की,
महत्त्वाकांक्षा हो
अपने भी बरामदे
में थोड़ा-सा फ़र्नीचर,
विलायती चमकदार
रखने की इच्छा हो
तो थोड़ी-सी सचाई में
बहुत-सी झुठाई घोल
सांस्कृतिक अदा से, अन्दाज़ से
अगर बात कर सको—

भले ही दिमाग़ में
ख़यालों के मरे हुए चूहे ही
क्यों न हों प्लेग के,
लेकिन, अगर कर सको
ऐसी जमी हुई ज़बान-दराज़ी और
सचाई का अंग-भंग
करते हुए झूठ का
बारीक सूत कात सको
तो गतिरोध और कण्ठरोध
मार्गरोध कभी भी न होगा फिर
कटवा चुके हैं हम पूँछ-सिर
तो तुम ही यों
हमसे दूर बाहर क्यों जाते हो ?

जवाब यह मेरा है,
जाकर उन्हें कह दो कि सफलता के ज़ंग-खाये
तालों और कुंजियों
की दुकान है कबाड़ी की।
इतनी कहाँ फ़ुरसत हमें—
वक़्त नहीं मिलता है
कि दुकान पर जा सकें।
अहंकार समझो या
सुपीरियारिटी कॉम्पलेक्स
अथवा कुछ ऐसा ही
चाहो तो मान लो,
लेकिन सच है यह
जीवन की तथाकथित
सफलता को पाने की
हमको फ़ुरसत नहीं,
ख़ाली नहीं हम लोग !!
बहुत बिज़ी हैं हम।
जाकर उन्हें कह दे कोई
पहुँचा दे यह जवाब ;
और अगर फिर भी वे
करते हों हुज्जत तो
कह दो कि हमारी साँस

जिसमें है आजकल
के रब्त-ज़ब्त तौर-तरीक़ों की तरफ़
ज़हरीली कड़ुआहट,
ज़रा-सा तुम पी लो तो
दवा का एक डोज़ समझ,
तुम्हारे दिमाग़ के
रोगाणु मर जायेंगे
व शरीर में, मस्तिष्क में,
ज़बर्दस्त संवेदन-उत्तेजन
इतना कुछ हो लेगा
कि अकुलाते हुए ही, तुम
अँधेरे के ख़ीमे को त्यागकर
उजाले के सुनहले मैदानों में
भागते आओगे ;
जाकर उन्हें कह दे कोई,
पहुँचा दे यह जवाब !!

शब्दों का अर्थ जब

धरती की आँखों के सम्मुख अब
असम्भव कि आगे आय
सूना वह हिस्सा जो पिछला है चन्दा का
अगला न हुआ हिस्सा वह
चाहे वह पूनों हो, मावस हो
तो अन्यों के नेत्रों से ओझल वह
आत्म-संज्ञ निज-संविद् निज-चेतस्
सूना वह गोल सिफ़र
बाहर पर, धरती पर फैलाये छिटकाये चाँदनी
तो कृत्रिम-स्मित मुसकाते चन्दा-सा
शब्दों का अर्थ जब ;

घनघोर जंगल की मध्य-रात्रि सूने में
बहुत दूर, बहुत दूर, मीलों दूर
दीखता हिलता हुआ, डुलता हुआ
जलता हुआ लाल-लाल

प्रकाश-बिम्ब अजनबी
सुर्ख़ एक धब्बा वह ज्वाल का
करता है संकेतित कोई उपदिशा किन्तु वस्तुतः
बतलाता कुछ नहीं
                    शब्दों का अर्थ जब ;

वेश्या के देह से
तैरते-उतरते व चढ़ते हुए कम्पभरे
भड़कीले वस्त्रों-सा
सकुचाता सिहर जाय,
शब्दों का अर्थ जब,
किराये के शृंगार-दाग़ों-सा उभर आय आदतन
शैया की चमकीली
चादर-सा फुसकाता हँस जाये,
बिके हुए कमनीय गौर कपोलों पर
पापों के फूलों-सा मुस्काये
                    शब्दों का अर्थ जब !!

अहं की वृत्तियों के मानसिक
मकड़ी के जालों-सा सूक्ष्मतम—
श्रद्धा के द्वारों पर लगे हुए
                    स्वार्थों के तालों-सा
जीने के ज़ीने की
                    अँधेरी व चक्करदार
सीढ़ियों पर चोरों के
पैरों की बार-बार
प्रतिध्वनि-ध्वनियों-सा
                    शब्दों का अर्थ जब,
गिन्नी-सा, रुपयों-सा,
पैसों-सा बोलेगा
पाताली लोकों में
लोभों के प्रेतों का
डोलेगा सिंहासन ;

शब्दों का अर्थ जब—
पोखर में अन्तर के व्रणीभूत

दुर्दर की दर्दभरी
टेरों-सा भूखा हो,
मानव की पीड़ा की रातों में चिल्लाती
खौंखियाती बिल्ली के रागों-सा रूखा हो,
नर-तन में पशु-मन के झींगुर की अनर्गल
झिल्ली की झन-झन से
गलियारा गूँजता
ऐसे ही ध्वनिगुंजित मलिन-पंक गलियारा
शब्दों का अर्थ जब,
दम भरते दम्भों के
सियारों का जंगल में
मंगल का अँधियारा
शब्दों का अर्थ जब ;

शब्दों का अर्थ जब
अपने ही दाँतों से
अपने ही घावों को
काटे और चूम जाय,
झुठलाती झूठी-सी
निन्दा के होंठों को
चाटे और झूम जाय—
शब्दों का अर्थ जब,
सीधों के गालों पर
टेढ़ों की घृणाभरी
कुत्सामय झापड़-सा
आत्मा के आस-पास
द्वेषों की ईर्ष्या की
थूहर-बबूलों की
काँटेदार बागड़-सा
शब्दों का अर्थ जब ;

लुके-छिपे कभी-कभी
सज्जन की आत्मा में
विकृतिपूर्ण स्वार्थों की
अकस्मात् गड़बड़ या चन्द्र-किरण-स्नात
वन-मंजरी-बौरायी नवल आम्र-शाख पर

चिमगादड़-वृन्दों की
फड़फड़ या हुल्लड़-सा
शब्दों का अर्थ जब ;

सज्जन की गन्ध-मधुर
आत्मा के फूलों पर
आन्तरिक कमज़ोरी
की हरी-हरी इल्ली-सा
सामूहिक निश्चय के बाड़े में पिछवाड़े
मुँडेरों पर भागे जो देखे जो पीछे को
भीगी-सी बिल्ली-सा
शब्दों का अर्थ जब ;

आदर्शों-लक्ष्यों के स्वर्ण-कान्ति शिखर लिये
विचारों के भव्य भवन—
मानःसरोवर तट पर प्रतिबिम्बित शोषित हैं
तो कभी-कभी, कभी-कभी
स्फटिक-श्वेत स्निग्ध संगमर्मर बनी मधुर चाँदनी-धुली
भव्य पावन दिवालों पर
अन्धकार-गुहाओं से सरसराते हुए लक्ष्य
स्वप्नों की चमचमाती हुई स्याह रश्मि या दीर्घ लहराता हुआ काल-सर्प
महत्त्वाकांक्षा का सरसराता चढ़ता है काल-नाग
स्फटिक-श्वेत पावन दिवालों पर,
कि जिसकी अकस्मात्
पकड़कर लहराती भुजंग-पूँछ
चढ़ता है, चढ़ता है
चोर एक
अकुलाती इच्छा का बिल्वमंगल मोह-अन्ध
शब्दों का अर्थ जब ;

लक्ष्यों की अकुलाती
यशवन्ती कीर्ति-उषा
के खुले हुए वातायन
में से यों चोरी से झाँककर
भीतर द्रुत कूदकर
उस घर का वासी विश्वासी बन

सज्जन कहलाता है
शब्दों का अर्थ जब ;

भीतर के दरवाज़े पर डालकर आकर्षक
आदर्शों-लक्ष्यों की सुन्दर एक चिलमन
चिलमन के भीतर जब
मोहमयी नारी-सी
अहंबद्ध सामाजिक
उन्नति-प्रतिष्ठा की लालसा
लेती है अँगड़ाई
तो चिलमन में डोलती उसकी मधु-छाया-सा सम्मोहक आकर्षक
शब्दों का अर्थ जब ;

आदर्शों-लक्ष्यों के बेला के फूल नव
वेणी में गूँथकर
नागिन-सी वेणी को
उरस् पर लहराकर
बैठी जो काल-यवन दानव के अंक में
उसकी उस खुली हुई
सांस्कृतिक जंघा-सा
शब्दों का अर्थ जब ;

मानव की उन्नति के
वेगवान चक्रों को
कुचक्रों के अस्त्रों से तोड़नेवालों की
स्वयं की श्लाघा-सा
शब्दों का अर्थ जब ;

आदर्शों-लक्ष्यों के
आत्मजात पुत्रों से
प्रभावमय विचार-भाव—
जन-जन दूर हट
वैभव व बल पाकर
अहं के बेतों से
लक्ष्यों को कि पिताओं को मार-मार
बरसाती रातों में पैत्रिक भवन में से

देते हैं निकाल ज्यों
कि पापी उन आत्मजात पुत्रों-सा
शब्दों का अर्थ जब ;

जंगल के अँधेरे में
पीपल-समीप एक
पुरानी किसी सांस्कृतिक
हवेली की खण्डिता
ठण्डी-सी गच्ची पर
मरी हुई आत्माओं
भूतों की जिह्वा से गूँज रही तमवन में
वेदों की वाणी-सा
जन-जन की गर्दन पर
शोषण के फरसे की
भीषण कहानी-सा
शब्दों का अर्थ जब ;

जनता को ढोर समझ
ढोरों की पीठभरे
घावों में चोंच मार
रक्त-भोज, मांस-भोज
करते हुए गर्दन मटकाते दर्प-भर कौओं-सा
भूखी अस्थि-पंजर शेष
नित्य मार खाती-सी
रँभाती हुई अकुलाती दर्द भरी
दीन मलिन गौओं-सा
शब्दों का अर्थ जब ;

दुनिया को हाट समझ
जन-जन के जीवन का
मांस काट,
रक्त-मांस विक्रय के
प्रदर्शन की प्रतिभा का
नया ठाठ,
शब्दों का अर्थ जब
नोच-खसोट लूट-पाट ;

सत्ता के परब्रह्म
ईश्वर के आस-पास
सांस्कृतिक लहँगों में
लफंगों का लास-रास
खुश होकर तालियाँ
देते हुए गोलमटोल
बिके हुए मूर्खों के
होंठों पर हीन हास
शब्दों का अर्थ जब ;

सत्ता के लोहे के डण्डे से घबराकर
जनता की दिग्विजयी क्षमता से कतराकर
सज्जन के पंच-प्राण
करते जब अविश्वास
जन-बल में अश्रद्धा,
जन-बल में अश्रद्धा
स्वयं उन्हें देती है
आत्म-विश्वास-हानि
सज्जन की आत्मा तब
विधवा बन जाती है
विधवा के प्राणों से
या विधवा की
कोख से अवैध समझा गया जन्म
जब सत्यों का होता है
तो भय के अँधेरे में
नपुंसक नदी-तीर
आत्मजात शिशुओं की अपने ही हाथों से
मरोड़ी ही गर्दन जो जाती है
तब आत्मजा निन्दा की भयावनी
मर्मान्तक शिकायतों
सत्यों के कण्ठ-रोध—
प्रतिभा के शिशुओं की
अन्तिम-दम-चीखों-सा
शब्दों का अर्थ जब ;

नपुंसक आत्मा-सा सज्जन की

वंचना-स्वप्नों-सा, धोखों-सा
सज्जन के वैचारिक खोखों-सा
शब्दों का अर्थ जब ;

अनुभव-विवेक-हीन
ज्ञान-संवेदन-हीन
अन्धकार-अम्बर में
जीवन्त-पीड़ा-हीन कठिन बुद्धि तर्कों की
बिजलियाँ चमकती हैं नाचती असियों-सी,
अहंकार-तुष्टि के प्रसाधन—
युक्ति, रिक्त सूत्र, वाद, आत्म आशंसी
गड़गड़ाते दिशाओं में,
अहंकार-तुष्टि के नशे में नित
तर्कों का चक्रव्यूह-जाल बुना जाता है,
सूरज ठहर जाता है मेघों के गड्ढे में
जहाँ भी हो चाँद रुक जाता है,
सरिता का प्रवाह जम जाता है अकस्मात्
सिन्धु की तरंगें थम जाती हैं
मूर्ख और मुखर
मसीहा का तेजस्वी
भाल—सूर्य होता है जगमगाते टीन-सा,
चेहरा—चन्द्र बनता है उपमा के प्रयोग में,
भाव —नदी बनते हैं आँगन में पानी की लकीर-से
हृदय—सिन्धु बनता है दलदल का
अहंकार-तुष्टि के नशे में सब अर्थ बदल जाते हैं
दुनिया बदल जाती है,
सियार शेर बनतें हैं,
श्मशानों के पीपल के पीत पत्र
और और
वाग्वीर बनते हैं,
राजपथों-गलियों में
ग्राम-सिंह-वृन्दों का
धर्म-युद्ध होता है,
जनता की दुःखजनित
आस्था का स्वार्थग्रस्त
दुरुपयोग होता है,

जन-मन की सृजनशील प्रतिभा का
अपार निर्लज्ज और निःशंक भोग होता है,
तो ऐसे ही वाग्वीर
सैद्धान्तिक मुखर मूर्ख
सौतान्त्रिक जिह्वा के
अहंकार-सत्यों-सा
शब्दों का अर्थ जब ;

सामाजिक-आध्यात्मिक
शोषण के जल-प्रलय
पूरों में, बाढ़ों में
जन-जन की अनगिनत
बहती हुई लोथों-सा
पूर्तिहीन जन-सुलभ
कांक्षा-स्वप्न—मानो बाल-वृन्दों
के तोड़-मरोड़े गये
कटे-छँटे हाथों-सा
शब्दों का अर्थ जब ;

तब मनुष्य ऊबकर उकताकर
ऐसे सब अर्थों की छाती पर पैर जमा
तोड़ेगा काराएँ कल्मष की
तोड़ेगा दुर्ग सब
अर्थों के अनर्थ के।

अनर्थ जब शोषण की दुनिया का
नियम और
जनता का नियम जबकि
संघर्षी दिग्विजय
तो शब्दों का अर्थ भी
अलग-अलग होता है,
माँओं के, बहनों के
आँसुओं-सिंची-हुई गेहूँ की फ़सलों पर
फैले धूप-आतप का
स्वर्ण अलग होता है,
माँओं-पिताओं की आत्मा में

बहती हुई ममतामय गंगा की
कल्याणी यमुना की तरंगों का
वर्ण अलग होता है,
भारतीय कीर्ति के
सुनील गिरि-शिखरों पर
बैठे हुए स्वर्ण-पंख—
मानवीय प्रतिभा के
राजहंस-मिथुनों की
शोभा अलग होती है
शब्दों के अर्थों में
जन-जन के चेहरे जगमगाते हैं
चमकती हैं आँखें ये
अनुभव दमकते हैं
शब्दों के अर्थों में।

सन्ध्या के उपराम
क्षणों के उपरान्त
भारतीय मैदान
पवनों की चादरों को
लपेटकर सोते हैं
तो कमरे के अँधेरे में
जगती है प्रियतमा
कल्याणी चिन्ता एक
बाहर-गत प्रिय की प्रतीक्षा में
प्रतीक्षातुर प्रहर-पल सरकते हैं कि
इतने में, इतने में
अँधेरे में खटखटायी जाती है बाहर से,
अँधेरे में साँकल यह
अन्तर के द्वारों की
सुनकर जिसे अकुलाती
तुरन्त उठ पड़ती,
कल्याणी चेतना संवेदित।
द्वार खोल देने को उठे हुए हाथों से
साँकल पर कम्पनमय कंगन की
संवेदित रोमांचित ध्वनियों-सा
शब्दों का अर्थ जब;

जन-जन के लक्ष्यों के
संघर्षी मार्गों पर
चलने को आतुर उन
श्रद्धानत पुत्रों के
अन्तर में, मन में हैं
आलोकित —
(अपने ही झुके हुए मस्तक के नीचे हैं
दीपित शत)
अनुभव-रज-धूसर उन
पिताश्री के, माता के
चरणों के पावन नख-मणियों-सा
शब्दों का अर्थ जब;

धूल-भरी पगडण्डी
पर लाठी ले चलते, उन
कर्मठ पति-चरणों की
सम्पीड़ित छाया में
पति-प्राणा दृढ़ता की
चलती है गठ्ठे को सिर पर रख रेखा वह
अनुभव के गठ्ठे को सिर पर रख
कोमल-उर-संगिनि-सा
चलता है लक्ष्यों के
पीछे यों
शब्दों का अर्थ जब;

धूप-तपी राहों की
धूलिमय सफ़ेदी में
एक जगह श्यामलता,
पेड़तले छाया में बैठे हैं
होरी औ' धनिया
धनिया है नीलांचल
श्रम-सिक्ता श्याम-लता।

अपने ही प्रेरणा-
पुरुष के कन्धे पर
बाँह डाल बैठी है,

स्नेह की दृढ़ता में
साँवरी चंचलता;
तो अपने ही
प्रेरणा-पुरुष
के कन्धे पर
जीवन के अनुभव की ममतामय
बाँहों-सा,
आकुलित अनुभव के माथे पर
लक्ष्यों के लाल-लाल कुंकुम-सा
शब्दों का अर्थ जब;

ग़रीबी के अनुभव के बीहड़ हिमनग प्रदेशों में
ममता की शुभ्र अमल गंगा के कूलों पर
मानवीय लक्ष्यों के
श्याम खेत सिंचते हैं पठारों पर
संवेदन सत्यों की झीलें प्रतिबिम्बित अरुणायित लहरातीं।
राजपथों-गलियों में
जीवन के वैज्ञानिक ज्ञान-दीप
प्राणों के हँसते हैं।
संवेदित भावों के आकुलित विचारों के
राजपथों-गलियों से, दूर पर—
प्राणों की गंगा का
अकुलाता जल-प्रसार
ख़ूब दीख पड़ता है।
ग़रीबी की राहों के चौराहों, दुराहों पर
मन्त्रमुग्ध भावों की
शीर्षोन्नत जनता को
पुकारता जगाता है
मनस्वी एक अपना ही,
तो अपने ही प्राणों के भीतर उस
तेजस्वी साथी के दमदमाते क्रान्तिकारी स्वप्नों-सा
शब्दों का अर्थ जब;

जनता के जीवन के संवेदन-सत्यों के
चित्रों से—
तथ्यों के विश्लेषण-संश्लेषण-बिम्बों से—

बनाकर धरित्री का मान-चित्र
दूर क्षितिज फलक पर कि टाँग जो देता है
वह जीवन का वैज्ञानिक यशस्वी
कार्यकर्त्ता है
मनस्वी क्रान्तिकारी वह
सहजता से
दृढ़ता से
दिशाएँ कर निर्धारित
उषाएँ कर उद्‌घाटित
जन-जन को पुकारता जगाता है निशाओं में
तो उसकी उस कण्ठ-रुँधी बन्धु-भाव
भरी हुई वाणी में काँप रही
जगमगाती आग और
छलकते हुए पानी-सा
शब्दों का अर्थ जब;

उस सम्प्रेरित बन्धु-भाव
भरी हुई निज चेतस् पीड़ा की वाणी में
संघर्षों-विश्वासों विकासमान चेतन-तृषाओं की
जीवन-कहानी की नगरी में
संवेदन-सत्यों की बस्तियाँ अनेकानेक बिखरी हैं क्षितिज तलक
सुनते ही वाणी के शब्द-स्वर
जन-जन के कोमल मन
सर्जन की पीड़ा से आकुल हो
आत्म-दान करने को
घूमते-फिरते हैं
संवेदन-सत्यों की बस्ती की गलियों में
सर्जन की पीड़ा से आकुल हो,
तो उस क्षण की समुत्तुंग
पीड़ा के शिखर-शीश
बैठा जो विवेकवान
प्रतिभामय
महापुरुष जीवन का
तो उसके नव-क्षितिज-रूप
तेजस् ललाट-सा
शब्दों का अर्थ जब;

जन-जन के धड़कते हुए हृदयों की
अपनी भी धड़कती हुई छाती की
जीवित त्वचाओं से
मढ़ी हुई
दुन्दुभियाँ बजती हैं
अभियानी बेला में, सहसा तब
दिशाओं का नीला पट
लोहित-अग्नि वलयों में
मुड़-मुड़ जब जाता है
तब दिग्विजयी रक्त-ध्वज
की मुस्कराती फरफर-सा
शब्दों का अर्थ जब;

जीवन की यात्रा में
अर्थ-स्वर्ण-मैदान आँखों के सम्मुख नव
नव-नव जब खुलते हैं कि जिनके भी पार पुनः
नये-नये अर्थों की
बहती चर्मणवती, गम्भीरा, क्षिप्रा वह
जिसके तट
सोने के किरणों के अक्षर से चिह्नांकित
जीवन के विक्षोभित अर्थों की उज्जयिनी
प्रश्नों के अर्थों की चम्बल से
बहते हुए पवनों में डूबी है
जीवन-अवन्तिका,
उसके भी पार, पुनः
पूर्व-उत्तर की ओर नये
लक्ष्यों के नीले वन-खण्डों में
बहती है उद्धत नव अर्थों की
कोमल-मन वेत्रवती
बुन्देले उन किसानों के संघर्षी जीवन की
उसके भी पार पुनः
जीवन के समतल में नये-नये प्रश्नों के
लक्ष्यों की
नील-लहर यमुना है
श्रमिकों की, कृषकों की बाँहों से बन जाता दोआबा
अर्थों की हिम-गिरिजा गंगा में

प्राणों की सरयू वह मिलती है
तुलसी-स्वर-गन्धिता।

अर्थों के पार नये
क्षितिजों के कुहरे में खोये हैं
आगामी असंख्य-शिखर
अर्थों के हिमनग के।
जीवन की यात्रा में
अर्थों को आत्मसात करती हुई
अनुभविनी संवेदित
वैज्ञानिक जिज्ञासा
की निश्चल, इन निष्कलंक
भोली इन निष्कलुष
बुद्धिमान आँखों-सा
शब्दों का अर्थ जब;

कष्टों के, बाधा के खूब घने जंगल से घिरी हुई
बिकी हुई मेहनत की ज़िन्दगी
खदान कोयले की है
कि उन खानों के भूमिगामी गुहाओं के
मार्गों में
बूढ़े औ' नवयुवक दायें हैं बायें हैं
वृद्धाएँ, तरुणियाँ और गर्भवती माँएँ
मेहनत के कामों में
शामें कर देतीं जब
सहसा तब
कोयले की शिलाओं की भीतों से घिरे हुए
सर्वाधिक नीचे की सुरंगों को
तिमिर-भरे तल्ले में
नवजाता बालिका !!
प्रारम्भिक रोने की
स्वास्थ्यमयी किनकिनाहट नवजाता
बालिका की सुनायी दी।
नवजाता बालिका
कि सूरज की चिनगारी
इसी तरह तुमने भी
हमने भी, उनने भी

प्रसूत की
कोयले की अँधियाली खानों में
अँधेरे की
आँतों-सी सुरंगों में
कोख-भरी पीड़ा से प्रसूत की
एक महा-पीड़ा या कि
सूरज की चिनगारी
पीड़ा की कराहती धारा में
जीवन की पाताली कारा में
सतायी हुई ज़िन्दगी
की अभागी किसी माता ने
एकाएक
पीड़ा की उठानों की उठानों में
कराहों के शरीर-भरे जालों में
फँसी हुई
अभागिन किसी आत्मा ने
देवकी ने
अँधियारी अत्याचारी जाने किस प्रहर-रात
जन्म दिया कृष्ण को अपार सन्ताप में !!

हाय !! हाय !!
जाने कब कौन वहाँ
गरीबिन किसी पीतमुखी श्लथ-देही
माता ने, काम छोड़,
अलग हटा सिर पर से टोकरी
पाताली तल्ले में लेटकर
अकेले में निःसहाय
कष्टग्रस्त जीवन की
प्रतिभा प्रसूत की !!

एक मित्र के प्रति

कोरी है कापी यह
इसलिए कि शब्दों की जंघाएँ काँपी थीं
जीवन के शिखरों पर चढ़कर जब,

मेरे इन प्राणों के शिखरों पर चढ़कर तब
तेरे गुरु स्नेहाकुल अन्वेषक मण्डल ने
जीवन के वैज्ञानिक दर्शन के नेत्रों से
मेरी इस आत्मा की ऊष्मा का मापन या
अन्तरा के पवनों की
रचना का, गतिविधि का तापक्रम अंकन या
दृढ़ता के शृंगों का
गहराई गहरी के पाताली अंगों का
भावों के नक्षत्रों रवियों के किरणों के उन्मेषों
वैचारिक देशों का
तेरे गुरु स्नेहाकुल अन्वेषक मण्डल ने
वैज्ञानिक दर्शन कर
मेरे इन प्राणों के दुर्गम हिमशिखरों पर फहरायी
अपनी ही ममता के रक्त से रंजित कर
मानव की वैजयन्ती—
स्नेह की, सर्जन की, जीवन की !!
शब्दों की रोमांचित जंघाएँ
काँपी थीं—
जीवन के अनुभव के शिखरों पर
उसकी ही सुस्मृति में
नीरव रह
दी हुई तुम्हारी यह कापी भी
छाती पर रक्खी ही जाती है !!
कोरी ही। अक्षत ही सदियों से
सदियों तक।

बाँह पसारे बोला था आकाश

बाँह पसारे बोला था आकाश—
काश, तुम मेरे उर पर सिमटी होतीं
सिमट सकी होतीं जीवन में !!
उत्तर दिया धरित्री ने—
आलिंगन में बँध, निरुद्ध होकर
विचरण कैसे कर पाती मैं
आकर्षणमय

भव्य तुम्हारे चन्द्र-सूर्य-नक्षत्र-समन्वित नील जगत् में
विचरण कैसे कर पाती मैं ?

जवाब सुन
धक हुई
व्योम की कम्पित छाती
नूतन अभिप्राय ने मानो कैंची से काटी थी बाती
भभक रहे कन्दील दीप की ।

कविता तब मोतिया सीप थी
धरती के उस एक अश्रु के लिए
कि जो नभ की कमज़ोरी देख गला था ।
लेकिन, नभ तो
आसमान था
स्वयं उतर वह
झरनों, नदियों, झीलों के नीले प्रवाह के रूपों में
धरती के उर पर पिघल चला था ।

इस नगरी में

[1]

इस नगरी में चाँद नहीं है, सूर्य नहीं है ज्वाल नहीं है
सिर्फ़ धुएँ के बादल-दल हैं
और धुआँते हुए पुराने हवा-महल हैं
लाख-लाख घूमती चिनगियाँ हैं मुतफ़न्नी
मानो घुमड़े हुए धूम की वे चौकन्नी
लाल निगाहें,
देख रही हैं अपना मौक़ा
कैसे ग़फ़लत में औरों को रख, खोलें अपनी उन्नति का
मुँदा झरोखा
छाये हुए धूम की मानो हज़ार आँखें
द्वेषभरी चिनगियाँ हज़ारों
ज़हरीली हैं
बहुत बड़े सोचनेवाले स्वार्थों की काँखें नीली-पीली हैं
छोटे-बड़े स्वार्थों की काँखें

अपने गड्ढों में दाबे रखती हैं जबरन
आदर्शों के मृदुल मेमने
रक्तमयी बलि यहाँ सामने
दी जायेगी, आसमान में
छा जायेगा फिर आक्रन्दन
साँझ-सबेरा
काली स्याही के सागर में डूब नहाया
फिर वह काला होकर फैला नभ-जालों में
वैसे कुछ लोगों के हिय में नहा-नहाकर
ऊँचा मानव आदर्शों का रूप-स्वरूप
स्याह होता है
निर्णयकारी स्वार्थों के काले महलों में।
पद की और प्रतिष्ठाओं की
अंहकारमय निष्ठाओं की
उदर-शिशन की द्वेष-भरी यह क्षुधा-पिपासा
भू से नभ तक फैल रही है धूएँ-जैसी
या कि धुएँ का यह नभचुम्बी
बरगद ऐसा
जिसका गठियल तला खूब है
कन्धा चौड़ा, लेकिन जिसको
मस्तक अथवा भाल नहीं है
इस नगरी में चाँद नहीं है, सूर्य नहीं है
भीतर पावन ज्वाल नहीं है।
इस नगरी के प्रहरी पहने हैं धूएँ के लम्बे चोगे
साज़िश के कुहरे में डूबी
ब्रह्मराक्षसों की छायाएँ
गाँधीजी की चप्पल पहने घूम रही हैं
छिपे-छिपे कुछ फ़ौजी टापें
बूटों की भी गूँज रही हैं—
उनसे तुम क्या लोगे-दोगे !
इस नगरी के किले-कंगूरे
पर बैठे हैं विभिन्न स्वार्थों के बन्दर लंगूरे
उनसे तुम क्या लोगे-दोगे !
बुद्धि खत्म कर, शीश कटाकर
मात्र उदर ले, सिर्फ़ पेट ले
मस्तकहीन कबन्ध घूमते हैं राहों पर

बड़े ठाठ से बटन-होल में फूल लगाकर
अपने मालिक के ये चाकर
घर बैठे आदर्श घोखते
इन लोगों ने धोखे देकर धोखे भोगे
उनसे तुम क्या लोगे-दोगे !
इस नगरी के पेड़ों के कोटर-कोटर में,
जंगली पक्षी-कण्ठों में से फूट रहे हैं
एक-दूसरे को गाली के गीत—सबेरे।
ज़हरीली निन्दा की ठुमरी—रात अँधेरे।
इस नगरी के सिद्धों-जैसे वृद्ध बरगदों
पेड़ों पर हैं
गिद्धों और उल्लुओं के उद्दण्ड बसेरे
जिनमें चलती हाथापाई
पानीपत की छिड़ी लड़ाई
उनमें जब-जब बीच-बचाव करानेवाली
कूटनीति की चली गिलहरी
बन्दर-बाँट न हो पायी है, दुनिया सिहरी
जानवरों के पीरों ने तब
नये चुनाव कराने को यों
गँजवाये हैं सौ-सौ भोंगे
इस नगरी के प्रहरी पहने हैं धूएँ के लम्बे चोग़े ।

इस नगरी में अच्छे-अच्छे
लोग हुए जाते हैं देखो
शैतानों के झबरे बच्चे
(एक ज़माने में जनता के साँगन में नंगे खेले थे
जन-जन की पगडण्डी पर वे जन-मन के थे
किन्तु आज उनके चेहरे पर
विद्युत-वज्र गिरानेवाले
बादल की कठोर छाया है।
तारक-मण्डल पार पुरानी
ठण्डक भरी सुदूर दूरियों की परछाईं
उनके मुख पर
नन्दन-वन की रूपाकारी
लन्दन-वन की फैली झाँईं उनके मुख पर
और आज उनके लोहे के चेहरे पर है

सोने का भरपूर मुलम्मा, कैसी लीला—
श्वेत बर्फ़ की टोपी पहने
हुआ हिमालय हर-एक टीला
पैरों से जन-धरती कुचली
स्वर्ग उन्हीं ने सिर पर थामा।
दूरी है खाई है गहरी
पृथ्वी के पैरों में लाल बिवाई गहरी
खाई-तट पर फ़ौजी टापें
घूम रहे हैं अलगावों के
वर्दीधारी सौ-सौ प्रहरी
उस खाई के पार कोट, परकोटे ऊँचे
फिर उसके भी पार पुराना एक महल है
वहाँ पहुँचना रहा कभी भी नहीं सहल है
जन-बस्ती से दूर अकेली
ऐसी किसी गढ़ी को पोता
नयी सफ़ेदी से चमकाया, वार्निश दमका
बिजली दमकी।
रात-अँधेरे बियाबान में
बाहर अँधियारी राहों पर
बाहर तिमिर भरे रस्ते पर
तारे चमके आसमान में
उसी गढ़ी के सबसे ऊँचे
कमरे में बिजली का पीला बल्ब अकेला
एक अपार्थिव प्रकाश से वह रहा दुकेला
बाहर दिखता तिमिर-पथों पर
तम-पथ-यात्री
के दृग का आराम रोकता
सबसे ऊँची बिजली का वह पूर्ण-विराम
दमकता रहता अपने भीतर।
तिमिर भरे अलगावों की अति-दूर-दूरियों का वह धाम
चमकता रहता अपने भीतर
षड्यन्त्री मस्तक की अन्तर्मुखी चेतना-सा चिर-तत्पर
किसी भयंकर सत्ता के प्रतीक का झाँसा
वैसे कल जो बीच हमारे
रहे आज वे बने
भयानक फन्दा-फाँसा ! !)

अपने स्वार्थी मालिक की-सी सूरत लेकर
लम्बे-लम्बे बालोंवाले एक बने हैं श्वान भयंकर
आधी आँखें मूँद बैठे
या चबूतरे पर जा लेटे
खूब उन्होंने रखवाली की
कइयों के घर-बार उजाड़े
आँतें फाड़ीं।
एक रीछ बन और दूसरे शूकर बनकर
स्वामी के घर के पिछवाड़े नाच रहे हैं,
और दूसरे बने हुए पिंजरे के तोते
स्वामी द्वारा रटी हुई
सिद्धान्तावलियाँ बाँच रहे हैं।
यह मालिक है या कोई अदृश्य जादूगर
अपने आँगन बाँध दिया है बड़ों-बड़ों को
गधे बनाकर कई विरोधी
उसके रथ में घोड़े बनकर जुते हुए हैं
कई सत्य के शोधी-बोधी
फिर भी उस वल्गाधारी के
सपनों में आती हैं मौतें दायें-बायें
ईर्ष्या-भरी भीति की सौतें आशंकाएँ
जितनी अब तक हत्याएँ कीं
उनकी छायाएँ भीतों पर
करती हैं अनुकृति-लीलाएँ
अथवा मटियाली बाढ़ों में
सागर-लहरों की डाढ़ों में
काली लपटी हुई
जीभ-सी ह्वेल निकलती ऊँची उठकर
आशंका के स्याह कगारों खड़े प्राण को खा जायेगी।
स्वप्नों में अँधियारे जंगल
को उखाड़ती आ जायेगी काला हाथी रूप धारकर
मौत अकेली
सदियों के बुज़ुर्ग झाड़ों को
नभ-आच्छादी वृक्षाकारी पर्ण-पहाड़ों
को उखाड़ती भरमायेगी
प्राक्-इतिहासिक मैमथ रूप लिये आयेगी
तुमको पाकर मौत दुकेली।

भीम मृत्यु के काले हाथी
भीम मृत्यु के काले मैमथ
दग़ा दे सको अगर मृत्यु को
तो असत्य का युद्ध-लौह-रथ
कुछ आगे बढ़ जाये शायद
इसीलिए तुम पूजो युद्ध, मृत्यु को पूजो
भीतर चाहे जितना भय हो
भीतर मरने का संशय हो
लेकिन बाहर बतलाओ मत
रात अँधेरे मौत आय तो
उदर-शिशन की भाषाओं से रँगे दिमाग़ों से तुम देखो
भय के काले मृत्यु-स्तन को
भूत-पिशाच-नाच के घुँघरू खनको, खनको !
अरे मृत्यु को चकमा देकर
ढूँढ़ो अपना भी फ़ार्मोसा
और कि बहादुरी से चीखो, कैसा फाँसा, कैसा फाँसा
तब तक, तब तक
अगर कहीं भी ज़रा खड़क हो
चौंको, चौंको
अख़बारों में कविताओं में
मंचों पर से भौंको, भौंको
दुःस्वप्नों में देखो यदि तुम
नारों-गुँजी भरी ठसाठस
लम्बी सड़कें चली आ रही हों
लपेटने तुमको बरबस
चीखो, चीखो, 'फ़ायर-फ़ायर
गोली दाग़ो, गोले दाग़ो'
खद्दर वर्दी पहने प्यारे जनरल डायर
नौ सौ रुपये, हज़ार रुपये
मोटर-बँगला, चिलमन-चितवन, गद्दी-तकिये
कह दो—दूँगा, कह दो—दूँगा
मुझे बचाने की सेवाएँ तुमसे लूँगा
नेता, वक्ता, लेखक, शास्त्री
मेरे बनते हुए क़िलों के हैं सब मिस्त्री
सभी हमारी विविध शराबों भीगे-भीने
तब तक सब पर, तब तक सब पर

तनी हुई हैं ये संगीनें
संगीनें हैं पीछे-पीछे
काँपते हुए क़दम चलते हैं आगे-आगे
जबरन चढ़ा दिये जायेंगे।
सभी विरोधी चढ़ जायेंगे
ख़ास तौर से हमने जो बनवाये हैं वे
स्याह मौत के ख़ूनी ज़ीने
इन ज़ीनों के बनवाने में बहुत खर्च कर
इंजीनियर लगाये हमने
नये विश्वकर्मा कारीगर सच्चे-सच्चे
इस नगरी में अच्छे-अच्छे
लोग हुए जाते हैं देखो
शैतानों के झबरे बच्चे !

इस नगरी में कौरव के घर
वीर द्रोण की थकन भरी है भूरी-भरी
पीली है सूरत अनचाहों की सेवा में
कुन्ती-पुत्र कर्ण-कृप-सात्यकि की ग्रीवा में
कुत्ते की गर्दन का पट्टा,
दुखते हिय से भीष्माचार्यों की मजबूरी
कौरव के घर !!
गिनते हैं तिथि-वार, प्रतीक्षाएँ दूनी हैं
कब आयेगी, कब आयेगी
अन्तिम पटाक्षेप की सन्ध्याएँ सिन्दूरी
भभूतिया है, श्याम-बैंगनी है, खूनी है
वही आखिरी साँझ
धुआँती हुई विषैली नगरी यह जब बुझ जायेगी।
तब तक जारी हैं
राहों के अँधियारे कोनों में
अपराधों के खूनी हमले,
उजियारे में चेहरे मानो
प्रफुल्ल आदर्शों के फूलोंवाले गमले !
इस नगरी में जीवन की अँधियारी गलियों
में ज़हरीले स्वार्थों की है कानाफूसी
शिकायतों के पित्त भरे शूकर ने तब तक
रीछों के कानों में अपनी बातें ठूँसीं।

उधर, स्वार्थ की हलचल-हल्लों
में पैरों के तले अचानक
रौंदे गये अनेक शुभंकर
इच्छाकांक्षाओं के प्यारे भोले बालक
अपनी उन्नति, अपना ठस्सा
स्वयं प्रतिष्ठाओं की भगदड़, हलचल-हल्ला
अधनंगे स्वार्थों ने खोला
जंघाओं से छाती पर से पूरा पल्ला।
वह है ज़ीना देखो, जाओ !
एक-एक सीढ़ी पर
अँधियारी ऊँचाई का कामुक संवेदन पाओ
नये वंचना-रूपों की वह स्वप्न-सजीली
नयी रोशनी भरी गैलरी
उन्नति और प्रतिष्ठाओं की झिलमिल चिलमन
जिसमें झाँक रही कोई सौन्दर्य-वल्लरी
उसमें तुमको नयी छूट है
(अब ज़ीने पर देखो तो
देखो तो कितने
चप्पल के स्वर
टाप बूट की भी आहट है)
गहन स्वार्थ के कुण्डों में
उद्दण्ड ज्वार भाटे के काँटेदार ठूँठ हैं।
मानो आत्मा हटी देह को खूब छूट दे
और देह भी हटी कि इच्छा की अखण्ड लौ
दीप्त रक्त की लाल-ज्योति-सी वह असंग लौ
मन के किसी छुपे आले में रात-रात भर
धुप-धुप करती हुई जल रही।
कीचड़-मैदानों
गारे में ज्यों भुतही ज्योति पल रही
जीवन के कीचड़-मैदानों की रातों में
वह हड्डी के पोलेपन में बसा फ़ास्फ़ोरस
पोले व्यक्तियों में गहरा अहंकार बस
अहंकार का फ़ास्फ़ोरस जल उठता है
पीला-पीला चंचल होकर
जल्दी-जल्दी चप्पल के स्वर
तब शब्द बूट के

शीघ्र चढ़-उतर करते हैं
ज़ीनों की ज़ीनों-ज़ीनों की जल्दी-जल्दी
दूसरी-तीसरी मंजिल पर
बैठी उन्नति-महिला के गालों पर इनने रोली मल दी
वह महिला किसी अन्य की थी
इसने उनको चप्पल मारी
इसने उनको घूँसा मारा।
हाँफने लगे अँधियारे में ख़ूनी हल्ले
है काँप-रही हाथापाई यों जीवन-भर
इस नगरी के कौरव के घर।

अँधियारे मैदानों के इन सुनसानों में
बिल्ली की, बाघों की आँखों-सी चमक रहीं
ये राग-द्वेष-ईर्ष्या-भय-मत्सर की आँखें
हरिया तूता की ज़हरीली नीली-नीली
ज्वाला कुत्सा की आँखों में
ईर्ष्यारूपी औरत को मूँछ निकल आयी
इस द्वेष-पुरुष के दो हाथों
के चार और पंजे निकले
मत्सर को ठस्सेदार तेज़ दो बौद्धिक सींग निकल आये
स्वार्थी भावों की लाल-लाल
बेचैन चींटियों को सहसा
अब नये पंख निकले-निकले
अँधियारे बिल में झाँक रहे
सर्पों की आँखें तेज़ हुईं
अब अहंकार उद्विग्न हुआ
मानव के सब कपड़े उतार
वह रीछ एकदम नग्न हुआ
ठूँठों पर बैठे घुग्घू-दल
के नेत्रचक्र घूमने लगे
इस बियाबान के नभ में सब
नक्षत्र वक्र घूमने लगे।
कुछ ऐसी चलने लगी हवा
अपनी अपराधी कन्या की चिन्ता में माता-सी बेकल
उद्विग्न रात
के हाथों से

अँधियारे नभ की राहों पर छूट गिरी
है गर्भपात की तेज़ हवा
बीमार समाजों की जो थी।
दुर्घटना से ज्वाला काँपी क़न्दीलों में
अँधियारे कमरों की मद्धिम पीली लौ में
जब नाच रहीं भीतों पर भुतही छायाएँ
आशंका की
इन माँओं के गहरे कराहते गर्भों से
मृत बालक ये कितने जन्मे
बीमार समाजों के घर में।
जितने भी हल हैं प्रश्नों के
वे हल जीने के पूर्व मरे
इनके प्रेतों के आस-पास
दार्शनिक दुखों की गिद्ध-सभा
आँखों में काले प्रश्नभरे बैठी गुमसुम
शोषण के वीर्य-बीज से अब जन्मे दुर्दम
दो सिर के चार पैरवाले राक्षस बालक
विद्रूप सभ्यताओं के गर्भों से निकले
विद्रूप समस्याओं के विश्व-जाल-बालक
मानव की आत्मा से सहसा कुछ दानव और निकल आये
मानव-मस्तक में से निकले
कुछ ब्रह्मराक्षसों ने पहनी
गाँधीजी की टूटी चप्पल
हरहरा उठा यह पीपल तब
हँस पड़ा ठठाकर गर्जनकर गाँव का कुआँ
तब दूर सुनायी दिया शब्द वह 'हुआँ-हुआँ'
त्यागे मन्दिर के अधटूटे गुम्बद पर स्थित
वीरान प्रदेशों का घुग्घू
चुपचाप तेज़ देखता रहा
झरने के पथरीले तट पर
रात के अँधेरे में धीरे
चुपचाप कौन वह आता है या आती है
उसके पीछे
पीला-पीला वह जलता-सा क़न्दील छिपाये धोती में
चुपचाप कौन वह आता है या आती है
मानो सपनों में कोई सपना आता हो

सपने में कोई जैसे पीछे से टोके
फिर कहे कि ऐसा कर डालो
फिर स्वयं देखता खड़ा रहे
और सुना करे वीरानी की आहटें,
स्वयं ही सन्नाकर
रह जाये अपने को खोके।

त्यागे मन्दिर के अधटूटे गुम्बद पर स्थित
घुग्घू की आँखों को अब तक
कोई भी धोखा नहीं हुआ, उसने देखा
झरने के तट पर रोता है कोई बालक
अँधियारे में काले सियार-से घूम रहे
मैदान सूँघते हुए हवाओं के झोंके
झरने के पथरीले तट पर
सो चुका अरे किन-किन करके कुछ रो-रो के
चिथड़े में सद्योजात एक बालक सुन्दर
आत्मारूपी माता ने जाने कब त्यागा
जीवन का आत्मज सत्य
न जाने किसके डर।
उसकी आँखों में भय का कितना बीहड़पन
क्रोधी शृगाल की आँखों से
जब शुक्र गगन में दमक उठे
जंगली बिल्ली की आँखों-से
जब तारे नभ में चमक उठे
जब लाल बबर फ़ौजी-जैसा
जो ख़ूनी चेहरा चमक उठा
वह चाँद गगन में देखो तो
उसकी आँखों से बचा-बचा गुपचुप चलकर
यदि आत्मज बालक-सत्य
यहीं यदि वह त्यागे
उस पार उसे पहुँचाये यदि
अनुभव-शिशु की रक्षा होगी

यह भाव लिये
जाने कितनों ने जीवन के आत्मज त्यागे
अपने ज़िन्दा सत्यों का गला बचाने को
अपने अनुभव को छिपा लिया

भीतर से रो-रो, बाहर हँस
अपने को जग में खपा लिया।

चुपचाप सो रहा था मैं अपने ही घर में
सहसा जगकर, चट क़दम बढ़ा
अँधियारे के सुनसान पथों पर मैं निकला
बहते झरने के तट आया
देखा बालक, अनुभव-बालक
चट उठा लिया
अपनी गोदी में
वापिस ख़ुश-ख़ुश घर आया
अपने अँधियारे कमरे में
आँखें फाड़े अपने मन में मैंने देखा
जाने कितने कारावासी वसुदेव स्वयं अपने कर में
शिशु आत्मज ले
बरसाती रातों में निकले
धँस रहे अँधेरी रातों में
विक्षुब्ध पूर में यमुना के
अति दूर अरे उस नन्दग्राम की ओर चले।
जाने किसके डर स्थानान्तरित कर रहे वे
जीवन के आत्मज सत्यों को।
पर स्वयं कंस है भय-कातर
वह इस कमरे से उस कमरे
वह इस ज़ीने से उस ज़ीने
वह इस रस्ते से उस रस्ते
बेचैन घूमता फिरता है
वह जहाँ जाये एकटक उसे
भवितव्य घूरता फिरता है
प्रासाद-हर्म्य में पागल हो
कमरे-कमरे में भाग रहीं
भर्राती हुई हवाएँ ये
भयप्रद संवाद लिये आतीं
वह दुर्ग गया, वह क़िला गया
अपना प्रदेश वह चला गया
आ गयी गन्ध जब विजय-दृप्त नव जन-जन की
हो गयी अन्ध मति शोषण की

उसके मन की दीवालों पर चढ़ता रहता
भय-आशंका का काल-सर्प बढ़ता रहता
रात के तिमिर में सहसा वह
पर्यंक-अंक में प्यासा वह
कंस की रजाई के नीचे
उसकी पसली के पास सरकता रहता है
आशंका के उस द्विजिह्व से डरकर जब
वह कंस स्वयं की छाया से
भयभीत सोचता – कैसे
धोकर उसको सफ़ेद कर दूँ
काली छाया को खद्दर की
कोरी सफ़ेद चादर कर दूँ।
उसके मन की गुम्बद में अब मैले-मैले
आशंका की छिपकलियों ने बच्चे पाले
उसको मालूम कि कौन व किसकी कोखों से
जीवन से जनमे सत्य करेंगे उसका वध
उसको मालूम कि किनकी आत्मा से उपजे
ये सत्य ढहायेंगे भीतें जन-शोक-प्रद
उसको मालूम कि उसकी मौत कहाँ होगी
किनके हाथों होगी कैसे क्योंकर होगी
किन शामों में किस घाटी में किन अश्वों की टापों-नीचे
उसको मरना होगा अपनी आँखें मींचे
अत्याचारी जीवन के इस भीषण तरु के
फल-सी संस्कृति के कड़ुए गूलर में चंचल
कीटों-से लोक-विरोधी भावों की हलचल
मुरझायेगी, फूटेंगे पापों के सौ क्षण
मृत्यु की अँधेरी मौन गुहाओं में भीषण।

यह सोच हुआ पागल, बाहर-भीतर सिहरा
इसलिए कंस के घण्टाघर
में ठीक रात के बारह पर
बन्दूक थमा दानव-हाथों, अब दुर्जन ने बदला पहरा
बारूदी-बादल-गन्ध भरे
अम्बर के बुर्ज डरे-सिहरे
बन्दूकों के कुन्दों पर स्याह अँगूठों ने
लोहे के घोड़े खड़े किये

पिस्तौलों ने अपने-अपने मुँह बड़े किये
अस्त्रों को पकड़े कलाइयों की मोटी नस
हाँफने लगी
एकाग्र ध्यान के माथे पर
फिर उलझी रगें कसीं उभरीं
पर पैरों में काँपने लगीं।
लोहे के बूटों की टापें गूँजने लगीं
अम्बर के हाथ-पैर फूले
काल की जड़ें सूजने लगीं
झाड़ों की दाढ़ी में फन्दे झूलने लगे
डालों से मानव-देह बँधे झूलने लगे
गलियों-गलियों में हुई मौत की गश्त शुरू,
पागल आँखों सपने-सियाह बदमस्त शुरू।
अपने ही कृत्यों डरी रीढ़-हड्डी पिचपिची हुई,
मरे साँप के तन-सी वह लुचलुची हुई !!
अपने ही कृत्यों डरा कंस फिर क्रुद्ध हुआ
काराएँ भर गयीं ज़माना क्षुब्ध हुआ
भीतर के तम से कारा के
बाहर का अन्धकार सिहरा
लेकिन कारा के भीतर भी
मानव का अन्तस्तल स्पन्दित
अपनी बलि की तैयारी में
ये सौ ग़रीब जन आनन्दित
कारा के चौकीदार कुशल
दुखती ममता का पुलकित लेकर अन्तस्तल
चुपचाप फलों के बक्से में
युग-वीर शिवाजी को भरते
जो वेश बदल जाता दक्षिण की ओर निकल
दिन-नभ के पलने से उतार रवि-राजपुत्र
ढाँककर साँवले कपड़ों में
अम्बर की श्याम टोकरी में ले जाती है
रजनी-रूपी पन्ना दाई रवि-राजपुत्र
इस नगरी से गुपचुप बाहर ले जाती है
अँधियारे में आँखों-ओझल
पार्वत्य-पठारों, मैदानों
घाटियों, उठानों-ढालों पर

ये चले जा रहे
इस नगरी के पार कई
जीवन के आत्मज सत्य नये।
रातों में लाल अलावों की
नाचती हुई ज्वालाओं में
मृदु-चमक रहे जन-जन मुख पर
आलोकित ये विचार हैं अब
ऐसे कुछ समाचार हैं अब
यह घटना बार-बार होगी
शोषण के बन्दीगृह जनमे
जीवन की क्षिप्र-धार होगी
तममय हिम-शैल शिलाओं के सुनसानों में
आँखों-ओझल
जल की टपटप, जल की टपटप
द्रुत भागीरथी-धार होगी
जिसके तट पर के खेतों पर
उस पार नगर में, गाँवों में
जीवन के अपने करघे पर
प्राणों का सूत लिये बुनकर
बुन रहे मस्तमौला कबीर
जन-जन के हित नूतन चादर
इन बेहद के मैदानों में
दुर्दान्त ऐतिहासिक स्पन्दन
के लाल रक्त से लिखते तुलसीदास आज
अपनी पीड़ा की रामायण
उस रामायण की पीड़ा के आलोकों को
अपने में भर मेरे साथी
रह-रह दूर-दूर बीहड़ में भी
बीहड़ के अन्धकार में भी जब नहीं सूझ कुछ पड़ता
जब कण्ठ फाड़कर नभचुम्बी
गीतों द्वारा वे एक-दूसरे को अपना
खोया अस्तित्व जनाते हैं
अनुभव की दर्द-भरी भीषण चट्टानों को
लक्ष्यों की पीड़ा की कुदाल से खनते और खनाते हैं
तब हम भी अपने अनुभव के
सारांशों को उन तक पहुँचाते हैं जिसमें

जिस पहुँचाने के द्वारा हम, सब साथी मिल
दण्डक वन में से लंका का पथ खोज निकाल सकें
धीरे-धीरे ही सही, बढ़ें उत्थानों में
अँधियारे मैदानों के इन सुनसानों में ।

[इस कविता की पाण्डुलिपि में ऐसा संकेत मिलता है कि इसके अन्त में 'उपसंहार' उपशीर्षक से वह कविता थी जो 'चाँद का मुँह टेढ़ा है' संग्रह में 'कल जो हमने चर्चा की थी' शीर्षक से छपी है ।]

एक प्रदीघ कविता का प्रास्ताविक

स्वार्थों ने अब खूब खींचकर
गुलेल मारी बहुत दूर से ।
मरे डाल पर नीलकण्ठ-दल,
पावन संकल्पों के कोकिल
मूर्च्छित होकर गिरे डाल से—
सटर-फटर ऊँचे भावों की सूखी झरबेरी में उलझे ।
वह गुलेल का कंकर सीधा घुसा किसी में
देह छेदकर
मस्तक में घुसकर गुल कर दी
भीतर की रोशनी उसी ने ।
स्याह मौत के व्यूह-अँधेरे में भूत-पूर्व मन-प्राण
अतीत विचारों के बेचारे भटक गये हैं
विहग-चर्म की खोल शेष है
इनके चिकने प्राणातीत तनों को लेकिन
अपने घर के कोने में भर,
कैंची लेकर पंख कतरते बैठे हैं स्वार्थी कारीगर ।
इनके रंग-बिरंगे कोमल रोओं से अब
भड़कीले भावों के ऊनी कोट बनेंगे,
नयी साड़ियाँ, शाल बनेंगी ।
महीन रेशम-फूलों की वरमाल बनेगी
और नया वर
संस्कृति के आदर्शों का अब चुम्बन लेगा ।
कोकिल-नीलकण्ठ के गहरे चीर कलेजे
नया लिवर-ऑयल निकलेगा

जिससे स्वास्थ्य-तन्दुरुस्ती के गाल बनेंगे।

स्वार्थों ने अपने आँगन में
        अब सुलगायी आग,
                धुएँ की लता बनायी
शत-संकल्प-विशेषों की शव-राशि-राशि वह
खायी नहीं, बहुत श्रद्धा से चिता बनायी।
फैला धुआँ,
        कि जिसकी भीषण कड़ुआहट में
                मुटैल चेहरा
                        बरगद-कोटर-गाँठ बन गया,
गाँठों की दुहरी गठान-सा
                दिल का ठाठ बन गया।
नित्य उपेक्षित तुलसी का
आँगन में फिर एक ठूँठ था—
शुष्क छरहरी शाखों ने आमूल हरहरा आग पकड़ ली।
पावन-संकल्पों की गहरी
चिता-भस्म भी ख़ूब उड़ी अब,
बे-सिर-पैर समीर हो गयी,
सिर से पैरों, भभूतिया है।
मुँह में नाक-कान में घुसती बुरी हवा यह
सारा वातावरण अराजक भावों का बेचैन धुआँ है।

दम घुटता है,
चीख घुटी जाती है,
कैसी कठिन समस्या !!
सन्ध्या वेला-श्रद्धा की आरती करें तो कैसे, बोलो
सुनकर साँझ आरती के गायनालाप-स्वर की सौ लहरें,
स्वार्थों के कुत्तों की उठती हैं उनसे भी ऊँची-ऊँची
सामूहिक रोने के आलापों की लहरें !!
मन्दिर बाहर, धूल-धुन्ध में
बरगद पर, पीपल पर उतरी
                सूनी-सूनी घनी तमिस्रा !

मुझको लोग ख़ूब समझाते
ग़लत तुम्हारी माँग, ग़लत है, ग़लत तक़ाज़ा
यदि इज़्ज़त से रहना हो तो

ख़ूब बजाओ, जिनका खाओ उनका बाजा
पंख काटकर, जीभ काटकर
'राज'-हंस हो जाओ प्यारे
अपने दिल के सात घाट कर
अलग-अलग घाटों पर सारे,
बहो भिन्न रूपों में राजा।
ग़लत तुम्हारी माँग, ग़लत है, ग़लत तक़ाज़ा !
ग़लत-सलत का ज़हर पियो तुम
अमृत समझकर, और जियो तुम आँखें मींचे
जिसकी चलती उसके पीछे
मार कुलाचें चले-चलो तुम
औ' काग़ज का तिकोन टोपा, विदूषकों का मुकुट लगाये
भव्य-प्रतिष्ठा-विज्ञापन-वाक्याक्षर-चित्रित
अख़बारी-काग़ज़ी-कमीज़ें-कुर्ते पहने
घूमो सजकर पान दबाये
झूठे लक्ष्यों का भोंगा मुँह-लगा, बजाओ,
ख़ुद भी बजकर
गर्दन गरबीली दृढ़ करके
झूठे सौ-सौ के तुम नोट चलाओ प्यारे
सच्चे आदर्शों-लक्ष्यों का धूम-धाम से
ख़ूब निकालो लाल गुलाबी फूलमाल से सजा जनाज़ा।
तभी तुम्हारी माँग सही है, सही तक़ाज़ा,
मुझको लोग ख़ूब समझाते !!

अपने को चाहे सिकोड़ लूँ
फिर भी उनकी चौखट में फिट होना मुश्किल
उनके फ़ार्मूलों की जंजीरों को पहने
इन नक्षत्रों-ब्रह्माण्डों का चलना मुश्किल !!
विगत युगों से नये युगों तक
गुज़र रहे पथ बीच भयानक खाई आयी,
इस खाई के भयद अँधेरे में मर-खपकर
हमने अपने तन-मन की दृढ़ता के पत्थर—
ईंटों से, प्राणों के लोहे के गाडर से,
हृदय-रक्त-मस्तिष्क-रक्त
के गारे-चूने से, खाई पर भव्य बनाया
अति विशाल मज़बूत एक पुल,

अपनी आत्मा की नींवों पर उसे दिया बल,
देह-प्राण के लोहे स्तम्भों पर थामा,
बाँहों के लोहे की मेहराबों पर तनकर
जमकर फैला प्रदीर्घ पुल वह,
चला रास्ता !!
इस रास्ते से गड़बड़ सामानों के ठेले
लोक-विरोधी लक्ष्यों की जीपें न जायेंगी।
वहाँ दूर से
नभ-रेखा पर कुहनी टेके
इस पुल को है देख रहा वह क्षितिज कि जिसने
अच्छे-बुरे, तजुर्बे कई ज़मानों के
सब अनुभव देखे !!
यह पुल टूट जायेगा क्या !!
नभ की मेहराबों-सा सुन्दर
देगा जो सही-सही उत्तर
वह स्वयं एक मेहराब नयी
हो जायेगा पुल के नीचे
इसलिए, सोचकर उत्तर दो, प्यारे भाई,
सोचो, सोचो !!

जब वृद्धा माँ के अन्तर की

जब वृद्धा माँ के अन्तर की
धुँधली लौ के अन्तर में से
उल्का निकली, तारे टूटे,
तभी एशिया जाग उठा था !
छाती के भीतर की ज्वाला
जब बाँकी शमशीर हुई थी
(आँगन में तुलसी की नीरव
घर की गहरी पीर हुई थी)
तभी एशिया जाग उठा था !!
हिन्दुस्तानी जनता का तब
लौह-दण्ड बेलाग उठा था !!
जिसके घर के अन्धकार में
भारत की तस्वीरें कौंधी

सत्ता के भूतों की उसने
कर दी आधी दुनिया औंधी !!

क्षीण देह की चिलमन में से
अंगारी मुसकाहट झलकी
(अकस्मात् बेपर्द हुई-सी
बाग़ी आत्मा की हलचल थी)
दर्द-भरे घुटनों में दौड़ी
नये-खून की ज़िन्दा बिजली
झरने की धड़कन-सी गूँजी
नूतन उत्साहों की कजली
उसके स्वर में सर्द हो गयी
काली पसली शोषक युग की
सत्ता की छाती पर बैठी
गला दबाकर जनता जग की !!

गीत

जंगल के पौधों के फूलों की
क़ीमत न हो भले ही कुछ,
समीर यह जानता है
उसके वे अपने हैं, सगे हैं, प्राणप्यारे हैं।
ताजी वन-गन्ध की
पवित्र मस्ती में जब
समीर वह
दूरियाँ, दिशाएँ व आसमान
कन्धों पर समेट,
झूमती हुई मनमौजी यात्रा में,
पल-भर मेरी इस खिड़की के बाहर परछाईं-सा
कुछ रुककर, डोलकर, उत्सुक हो
पूछती आँखों-सा खिड़की में बैठता
और फिर मचलकर चंचल हो।
इरादतन ध्यान खींच
मेरी इस टेबिल के कागज सब गड़बड़ कर
पुस्तक के पत्तों को फड़फड़ा
वायवीय लड़ियाता अपना मुख सम्मुख कर

कहता है—
'महक मुझे तुम्हारी भी चाहिए,
प्रदान करो तुम्हारे भी-ऽ···
हृदय की गन्ध मुझे
घर की दीवालों की,
भाभी की बातों की
बच्चों के बालों की
पीले कपोलों की
छाती की, बाँहों की,
भीतर की थाहों की,
महक मुझे दान करो···'

सहसा कोई कुछ अजीब कर गुज़रता अन्तर में,
कड़ुआ औ' ज़हरीला अब तक का सहा हुआ
एकाएक गरम-गरम चुम्बन-सा महक रहा
अन्तर का अन्तर में !!
लेकिन, यह भीतर का बैरागी भरथरी
कहता था—'नहीं-नहीं'
यद्यपि थी तन-मन में
ऊपर से नीचे तक बहुत तेज़, बारीक-बारीक
चमकती कनियों की लहरों-सी सनसनी
मिठास के सकुचाते आँसू की अजीब-सी
भीतर थी थरथरी
कहा मैंने—'मेरी गन्ध कड़ुवी है
खँडहरों में उगे हुए ज़हरीले तर्क-सी
हज़ार-नील-फूल-आँखवाले उस अर्क-सी
आक के बिरवे-सी अजनबी !!
व्यंग और क्रोध की विक्षोभी
भभूतिया धूलभरी
लुढ़कती हुई आँधी की बहुत तेज़ दौड़ती
गाड़ी के चाक-सी
उठते हुए बगूलों के हमलों की धाक-सी
जो अम्बर के चेहरे पर धुन्ध बन फैली है।'

समीर कुछ दुखी हुआ,
हुआ कुछ उदास और

कहा कि तुम
डूब तो सकते हो, पर,
सरिता की थाह में
खोल नहीं सकते हो आँखें निज !
सही है कि गहरे में पैठकर
कुछ मोती, शंख या सीपी तुम
ला सको तट पर ही,
ओझल किन्तु सागर की थाहें वे,
उसी तरह, आत्मा
और हृदय और व्यक्तित्व
निज का चरित्र सब ओझल है निज से ही।
पैठ तो सकते हो किन्तु पाओगे
शंख या सीपी या मोती या कीचड़ ही।
थाहों में पैठकर
थाहों को देखना फ़िज़ूल है !
क्रोध और व्यंग या
ज़हरीला संग वह अपने ही आपका,
आवश्यक महत्त्वपूर्ण मूल्यवान
संग वह भीतर के साँप का !
स्नेह की वेदना
घृणा की पीड़ा से बैर नहीं रखती है।
हमसे क्यों कहलाते कि
कड़ुवाहट तुम्हारी यह
हमारे हित प्यारी है !!

समीर ने देखा न आव और ताव भी,
पूछा न नाम और गाँव भी,
मुझसे लिपट गया।
हाथों में थमी हुई
पुस्तक लुढ़क गयी।
अनाकार स्पर्श सब
मैत्री के सुलग गये !!
कमरे में झूमकर,
कुदकते बच्चों से प्यार कर,
अलकों में खेलकर,
पीले कपोलों से मेल कर,

भाभी के चरण छू, अंचल को झेलकर,
झूमा और नाचा वह,
नाचा और झूमा वह,
बच्चों को थपियाया,
ख़ूब शोर,
आनन्द का ख़ूब ज़ोर,
हँसी और क़हक़हा ।
पत्नी के हाथ गहा,
उसका उछाह रोक
कानों में यह कहा—
'कमरे में बाहरी,
लिखना और पढ़ना है हो रहा,
शोर न करो, चुपचाप दबे-पाँव
बच्चों के संग-संग
चौके में चले आव ।'
पवन की पावनी
लीला मनभावनी
देखा मैं विस्मित था ।
पत्नी से मैंने जब पूछा—
'यह आया था कौन जी,'
जवाब था—
'अजीब-सी बात है कि तुम नहीं जानते
जुड़वाँ निज भाई को नहीं पहचानते
फूलों का साथी वह रहता है
धरती औ' अम्बर में,
रहते हो तुम घर में,
रहते तुम जो हो, मैं जो हूँ
उसी की कमाई है !!'
मैंने कहा—'समझ नहीं पाया मैं,
स्पष्ट करो अर्थ और अभिप्राय !!'

इतने में, इतने में
ख़ूब महक फैल गयी,
अनुभवी संवेदन सही-सही कह रहा—
बात वही अनकही,
आँखों से दिशाओं तक, दूर-दूर,

प्रात-स्वर्ण-ताल-लाल-कमल-दृश्य फैल गये
मनोज्ञ भ्रम हुआ वहाँ
रंग भरे पारिजात फूल में,
गुलाब में,
उदित हुए प्रदीप्त मुख अपनों के
प्रीति भरे सपनों के।
ठिठककर बुद्धू-सा, झिझक बेवक़ूफ़-सा
मैं निहारता रहा कि स्नेह-स्मित भरे नैन
उन्हें बता भी न सका कि मेरे ये गीले हैं,
नेत्र पनीले हैं।

मेरे इस मानसिक विक्षेप को भंग कर
पत्नी ने यह कहा—
'समीर वह होना था चाहता
मानव का गन्धवाह
जीवन का गन्धवाह
इसीलिए तुम्हारे पास
आया था मेरे पास
हज़ार बार आसमान टूटने के बावजूद
कभी नहीं दुनिया जो टूटती
और चूकती न राह पर
तो कारण यह—मनुष्य का सौजन्य
दुनिया के चक्र में फँसा हाथ ठोंक-पीट,
धुरा ठीक कर देता,
ठीक-ठीक ऐंगल में उसे जमा देता है।
ज़माना बुरा नहीं केवल विलक्षण है।
मनुष्य के सौजन्य-कारण ही
चाँद है, सूर्य है, लोग हैं, व हम-तुम हैं।'

पहली पंक्ति

पहली पंक्ति न बन पायी जब—
नूपुर-स्वर भर, छन्द थम गये आँगन में ही
कहन रुक गयी दरवाज़े पर,
भौंचक तुम यों सहम गयीं ज्यों

मीठे एकान्तों में वाणी भरम गयी हो;
तेजस्विनी मधुरता ने कुन्तल खोले थे।
गिरि पर चढ़कर, आसमान ज्यों खुले अचानक
नील दृश्य-विस्तार तुम्हें यों मिले अचानक।
तडिल्लता-सी एक दीप्त अनुभूति खड़ी थी,
तेजस्विनी मधुरता ने कुन्तल खोले थे !
अपनी उलझन के कारण जब
शब्द हुए बेपर्द बिचारे,
तब नीरवता ने ही झुककर पल्ला थामा।
सघन हुआ एकान्त घेरकर नीरवता को !!
तारोंभरी रात ने अपनी गुत्थी खोली,
गुत्थी खोली समीर-स्वर में धीरे-धीरे, हलके-हलके
वृक्ष-पर्वतों-झरनों की गूँजों में ढलके।
रेतीली सरिता के कूलों पर चल-चलके
हवा हो गयी गीली-गीली
वातायन से बहकर आयी लहराती समीर शरमीली।
पहली पंक्ति न बन पायी जब
कमल विकसने चले सरोवर-नीरवता में,
धीरे-धीरे, हलके-हलके कलियों ने पंखुरियाँ खोलीं,
बातें होती चलीं हवा के लहराते बहाव-सी बहकर
आसमान झुक आया नीचे,
समा गया कमरे में सारे,
क्षालित कर सब दीवालों को।
मैदानों के विस्तारों की चित्रावलियाँ
एकाक्षर में समा गयी थीं।
उपमाएँ आँगन से आयीं;
शब्द-शब्द यों खयाल-डूबे—
तरु ने मानो वृक्ष-मित्र की
शाखों में शाखें उलझायीं।
छन्द गूँजने लगे कान में,
मानो सपने आसमान से उतर चले हैं नये भान में।
और कल्पना की किरनों ने
भावों को वलयित कर डाला।
उन्हें क्षितिज-विस्तार दिया, संवृत कर डाला,
पहली पंक्ति बन गयी थी तब।

सूरज के वंशधर

प्राणों में समूची नव-भक्ति से, शक्ति से उठा ले
नये विश्व-संकल्प का नया-नया गुरु भार
बहुत भारी होता है जीवन का सार, मित्र,
बुलाती-सी चमक सुदूर के सितारों की
अँधेरे में डूबे तुझसे माँगते जवाब हैं
अँधेरे से अँजोरे में निकल चल !
गहरी डूबी चमकती है तालाब में चाँदनी की ज्वालाएँ प्राणों में
विश्वास की, प्रेरणा की, उद्‌बोध की भावोज्ज्वल
हृदय की गहराई में बसी हुई चाँदनी की
लपट को ठुकरा मत
झुठला न प्राणवेधी चाँद को कि मानव लक्ष्य को
प्राणों के अँधेरे में खेलती हुई ज्वालाएँ
आँखों में चाँदनी की लौ बनी हुई हों !!
कि जिनके इशारों से दूर के तारों को जवाब दे,
जीवन के लक्ष्यों को तू मानवीय सन्ताप की आब दे !!
भारतीय अँधेरी गहरी-गहरी गलियों में आजकल
भयानक सर्दी की काली-काली रातें हैं व
उनके किनारों पर
ज्वालाएँ लाल-लाल कि धधकते जल रहे
विद्रोह के अंगार !
ज़िन्दगी की धज्जियों से बनी हुई कुटियों में लोग-बाग
ठिठुरते प्राणों को
तापते हैं रात-भर
आत्मा में भरते हैं ऊष्मा की किरणें
औ' प्रकाश के अग्निफूल,
मुस्कुरा उठते हैं;सूरज के वंशधर !!
भारतीय अँधेरी गलियों में चमकता है चाँद भी,
घनी-घनी स्याह पाप-छायाएँ करता हुआ मूर्तिमान
दरिद्र बस्ती को, बस्ती के अँधेरे को
उद्‌घाटित करता हुआ
चमकता है जन-पथ
(मुस्कुरा उठता है बढ़ता हुआ मंजिल की ओर
वह रुपहला लोक-मार्ग—
भावी के सपनों भरा

अरे जन-जीवन का पथ वह,
कर्मण्य श्रद्धा के नेत्रों में चमकता हुआ
क्षितिज को चूमता है —
उलझी हुई गलियों के देश में)
बीसवीं सदी के सन् इक्यावन के साल में
ज़िन्दगी की धज्जियों की पताकाएँ बदरंग,
लहराती हुई आज
क्रोध-भरे गहरे इशारों से राह बतलाती हैं
कि जहाँ से गुज़री हैं, अब भी गुज़र रहीं
बस्तियाँ उजाड़ती हुईं
शोषण की सत्ताएँ !!
ज़िन्दगी के बोलते हुए बड़े-बड़े खँडहर
जरायमपेशा उन क़बीलों की भाषा व भाव समझाते हैं
कि जिनके ख़िलाफ़ अरे, विद्रोही ज्वाला के
धधकते अंगारों को देख ले, निहार ले
जो फैले हैं ज़िन्दगी की राहों में चौराहों में सभी ओर
देख ले उस आरक्त किरणों के नूर को
कि चमक रहा है जो
रास्ते पर चलते हुए गृहहीन
बालकों की, स्त्रियों की निगाहों में
कि भावी की बाँहों में
तू गृहहीन विद्रोही वर्तमान काल होकर समा जा
तेरे सह-अनुभवी हज़ारों साथियों के हाथों में
मानवीय सन्ताप की ज्वालाओं के अवलम्ब थमा जा !!
युग की असहनीय वेदना के लौह वज्र
क्षितिज के घोर स्याह पाषाणी प्राचीरों को तोड़कर
भावी नवजीवन के
मैदानी दृश्यों को पसारते,
ओझल न रहे तुझसे उनकी हरेक चोट !
अरे, वे तो तेरे ही अर्थों को उभारते ।
जिनको तू खोजता था गुप्त न रह जायँ,
ओझल न रहे तुझसे तेरा ही अभिप्राय !
देख ले कि बस्ती के झोपड़ों में लगी आग,
नभचुम्बी ज्वालाओं के गन्धकी प्रकाश में
पढ़ी जा रही हैं आज
अध्यात्म की संहिताएँ

राजनीति-ग्रन्थ और रोमांस के उपन्यास
गाँवों को जलाती हुई
नभचुम्बी ज्वाला के प्रकाश में
भारतीय संस्कृति-विकास किया जा रहा
शोषण के भयानक जबड़ों ने फूँक मार
झोपड़ियाँ गिरा दीं व मकान ढहा दिये
झुलसी हुई पुरानी धुनकी हुई रुई के
टुकड़ों-सी उड़ती है
मनुष्य के साँवले समूहों की ज़िन्दगी !
सटर-पटर सामान को धरे हुए शीर्ष पर
पुरुष उबारता—
धरे हुए टोकरियों में बिलखते बच्चों को
नारियाँ सँवारतीं—
बची-खुची ज़िन्दगी के कराहते पलों को !
सूखी हुई जाँघों की लम्बी-लम्बी अस्थियाँ
हिलाता हुआ चलता है
लँगोटीधारी यह दुबला मेरा हिन्दुस्तान
रास्ते पर बिखरे हुए
चावल के दानों को बीनता है लपककर
मेरा साँवला इकहरा हिन्दुस्तान
सटर-पटर सामान को धरे हुए शीर्ष पर
रोते हुए बच्चों को कन्धे पर बिठाये हुए
ज़िन्दगी को ढोता है बहादुर हिन्दुस्तान
अपने ही पुत्र के प्रेत को उठाये हुए साँवले हाथों में
श्मशान की ओर जाता
दिल में बिलखता हुआ
विचारों का भावों का तूफ़ानी समुन्दर हिन्दुस्तान
बेहद के मैदानों में दर्द भरे कण्ठ से गाता है
मानव की पुकार का वह वेदना में
बल खाता अभिप्राय हिन्दुस्तान
साँवली त्वचा से ढँकी हुई छाती की
अस्थियों के पंजर में पाले हुए
प्रकाश का शतदल
कि भावी के सपनों की ज्योति को सँभाले हुएं
मारता है हथौड़ा
यह क्रान्ति का कारीगर कि वज्रकाय हिन्दुस्तान

खँडहरनुमा ज़िन्दगी के आँगन में एक ओर
शक्तिशाली विचारों की
लहलहाती तुलसी खड़ी है आज !!
ढोलक की विदारक घहराती ताल पर
जोश के आँसुओं में तैरती है भारत की तसवीर
गाता है समता के गीत जन-कबीर का नया साज़ !!
मेरा यह क्रान्तिकारी गभीर है हिन्दुस्तान !
वही तो है, वही तो है मेरा ही चेहरा है
मेरी ही आत्मा-सा मेरा ही सेहरा है
प्रकाण्ड अभिव्यक्ति है, आशय में गहरा है।

भूरे-भूरे मैदानों पर खिली है चाँदनी
कि जिसके नीले कुहरे में
क्षितिज समा गया।
आ रही है कहीं से घहराते नाले की
दर्द-भरी आवाज़—
(खोये हुए प्रारम्भ व ढँके हुए अन्त
वाली कहानी सुझाती हुई
स्वेद-अश्रु-रक्त के महावर्तमान की)
मैदान में भीमकाय बरगद के पास इस
नीली धूप उठाती हुई और
उत्साह में सराबोर
(पास ही की बस्ती के) लड़कों की
खिलखिलाती कबड्डी
को देखता हुआ मैं कि
जाती है नज़र दूर !
चाँदनी के मैदान
क्षितिज को छूते जहाँ
वहीं कोई गहरी आग
जल रही वीराने में झरने के किसी सूने
पथरीले तट पर।
क्षितिज की कुहरीली गहरी निलाई में
(पलाश के जलते हुए फूलों की आग-सी)
वह लाल-लाल शिखा !!
चिता तो नहीं है वह
आता है विचार यह सचाई की राह पर

(बस्ती में हर साल
प्लेग महामारी के भयानक समाचार
अखबारों में हमीं तो छापते हैं
मिलते हैं राह पर गहरे सबूत रोज)
क्षोभ की जलती हुई नोक लिये
विचारों की लिये दीप्ति
वेदना के लोहे का लाल-लाल टुकड़ा हाय !
हिये में डोलता कि
अस्तित्व समस्त मेरा
भयानक कराह में बहने को होता है कि
बस्ती के बच्चों की चाँदनी में
खिलखिलाती कबड्डी की तसवीर
मुझे थाम लेती है
कि औंधे मुँह धड़ाम से गिरने से अँधेरी खाई में
लेती है बचा मुझे···!!
हँसते हुए चेहरों की आभाएँ दुर्दान्त
ज़िन्दगी का हँसता हुआ चाँद बन जाती हैं
कि जिसकी परछाईं में
मन की रातरानी मेरी महक उठती अकस्मात् !!
दीखते हैं सभी ओर
बस्ती में झिलमिलाते दीये लग गये हैं
कि जिनके प्रकाश में
शायद कुछ विद्यार्थी कहीं पढ़ रहे हैं
कि कहीं कोई बहन अपनी भाभी के लिए
नीली साड़ी में रुपहली गोट-किनार लगा रही है
कि कहीं कोई पितृश्री
नाती को अपने क-ख-ग और पराँच पढ़ा रहे हैं
कि कहीं कोई बालक अपनी छोटी-सी गोदी में
शिशु छोटा भाई लिये तुतली-सी बोली में
कविताएँ गाते हुए उसे सुला रहा है।
कि कहीं किसी चौराहे पर
घनघोर क्रान्तिकारी पुराना कार्यकर्त्ता फटेहाल
संघर्षी जनता की रहा है मीटिंग ले
अन्याय के खिलाफ़
सारे शोषण के विरुद्ध
नये समाज की स्थापना की आवाज़ें बुलन्द हैं।

बस्ती से ज़िन्दगी की महक बल खाती हुई
मुझ तक आती है कि विद्रोही कवि के
क्रोधाग्नि-स्वरों की धुआँधार धारा में
जनता के ज़ोर पर
नभ में प्रातःसूर्य की आग लग जाती है
मुक्ति का ज्वालाध्वज
मेघों को चूमता हुआ लहराता काँपता
कि बस्ती के पास,
इस बरगद के किनारे पर
खड़ा हुआ एक पल
सोचता हूँ कि देखता हूँ सामने
हवा में लहराती सुनहली ज्वाला एक
रेंगती-सी मेरे पास
धीरे-धीरे आती हुई
आसमान छूती हुई व धरती पर चलती हुई
बिखराकर नीले-नीले स्फुलिंग-समूह
वह बनती है अकस्मात्
विराट मनुष्य-रूप
नहीं जान पाता कि छूकर मुझे मुझमें समा गयी कि
उसमें समा गया मैं।
सुनहली काँपती-सी सिर्फ़ एक लहर रह जाती है
कि जिसे क्रान्ति कहते हैं
कि कहते हैं जन-क्रान्ति।

सहर्ष स्वीकारा है

ज़िन्दगी में जो कुछ है, जो भी है
सहर्ष स्वीकारा है;
इसलिए कि जो कुछ भी मेरा है
वह तुम्हें प्यारा है
गरबीली गरीबी यह, ये गभीर अनुभव सब
यह विचार-वैभव सब
दृढ़ता यह, भीतर की सरिता यह अभिनव सब
मौलिक है, मौलिक है,
इसलिए कि पल-पल में

जो कुछ भी जाग्रत है अपलक है—
संवेदन तुम्हारा है !!

जाने क्या रिश्ता है, जाने क्या नाता है
जितना भी उँड़ेलता हूँ, भर-भर फिर आता है
दिल में क्या झरना है ?
मीठे पानी का सोता है
भीतर वह, ऊपर तुम
मुसकाता चाँद ज्यों धरती पर रात-भर
मुझ पर त्यों तुम्हारा ही खिलता वह चेहरा है।

सचमुच मुझे दण्ड दो कि भूलूँ मैं भूलूँ मैं
तुम्हें भूल जाने की
दक्षिण ध्रुवी अन्धकार-अमावस्या
शरीर पर, चेहरे पर, अन्तर में पा लूँ मैं
झेलूँ मैं, उसी में नहा लूँ मैं
इसलिए कि तुमसे ही परिवेष्टित आच्छादित
रहने का रमणीय यह उजेला अब
सहा नहीं जाता है।
नहीं सहा जाता है।
ममता के बादल की मँडराती कोमलता—
भीतर पिराती है
कमज़ोर और अक्षम अब हो गयी है आत्मा यह
छटपटाती छाती को भवितव्यता डराती है
बहलाती सहलाती आत्मीयता बरदाश्त नहीं होती है !!

सचमुच मुझे दण्ड दो कि हो जाऊँ
पाताली अँधेरे की गुहाओं में, विवरों में
धुएँ के बादलों में
बिल्कुल मैं लापता !!
लापता कि वहाँ भी तो तुम्हारा ही सहारा है !!
इसलिए कि जो कुछ भी मेरा है
या मेरा जो होता-सा लगता है, होता-सा सम्भव है
सभी वह तुम्हारे ही कारण के कार्यों का घेरा है, कार्यों का वैभव है
अब तक तो ज़िन्दगी में जो कुछ था, जो कुछ है
सहर्ष स्वीकारा है
इसलिए कि जो कुछ भी मेरा है
वह तुम्हें प्यारा है !

जिन्दगी का रास्ता

[1]

रास्ते के शोरोगुल औ' धूल के
छोटे-छोटे बादलों से घिरकर मलीन हो
(किन्तु निज मस्तक में चलते हुए चक्र-से
भावों में विलीन हो)
अपने काम पर से घर लौटते हुए
रामू, घिरी साँझ के सुदूरतम
गेरुए किनारे पर
मिल के काले धुएँ के बल खाते बादलों को देखता हुआ
बढ़ाता पैर, तै करता है
धूल-भरा रास्ता !
रामू सोचता है कि व्यर्थ गया सारा दिन,
मेहनती ग़रीब के असाध्य किसी रोगग्रस्त
क्षीणकाय किन्तु अति भोले प्यारे
बालक की उदास
(किसी आन्तरिक प्रेरणा से चमकती हुई)
आँखों-सा कि म्लान मुसकानों-सा
अरे ! यह मेरा दिन जीने की प्रेरणा लिये हुए
भी पूरा न कर पाया अपना काम
अपना जीवन-कर्तव्य !
रात में भिड़ूँगा अब, जूझूँगा, आधी रात
प्रभात से कपोलों को
हृदय के दाह-भरे चुम्बन से
लाल कर दूँगा मैं।
याँगटीज़ की बलशाली, अनुभव-गभीर
अन्तःस्पर्शिनी बल खाती लहरें
हिये के निभृत शैल-विवर सहलाती हुई
कगारों को हिलाती-गुँजाती हुई
मलाया के अरण्य-प्रदेशों के घनच्छाय
मनोहर वृक्षों के घनघोर
गीतों की ऊँची उठती लय में
रामू के हियरे में तूफ़ानी भव्यतम
संगीत जगा गयी !
उसकी अपनी भारतीय अँधेरी गली की

वेदनाकुल आत्मा
अनन्त शक्तिशाली व्यक्तित्व का रूप ले
अकस्मात् घूमने लगी
रामू के हृदय के आँगन में, कमरों में।
शक्ति की ज्ञानमयी वेदना की लहरें
जिन्दगी के अनुभव सताने लगे
आगे बढ़ने के लिए।
हृदय में नया सत्य
आँखों में किरनीले सपने लिये हुए
अँगड़ाई लेने लगा।
अरे! नये सूरज की किरणों में नहाकर
ज्वलन्त कमल खिले
लक्ष्योन्मुख भावोद्धत पीर के।
किन्तु, हाय! गरीबिन माँ ने ही बेचे हुए,
खाते हुए मार और करते हुए काम नित,
उदास पाँच-बरस के बालक के
दर्दभरे फटे-हाल जीवन-सा जिसमें
पुचकार का रस
(और प्रोत्साहन) मिला ही नहीं, फिर भी
पढ़ने के शौक़ और
जानने की चाह ने
मुसीबतें बढ़ा दीं—
ऐसे अतिक्षीणकाय कष्टजीवी बालक के जीवन-सा
रामू का गुलाम दिन
मुक्ति के सपनों में डूबकर
द्रोह की ज्वालाओं से चूमने लगा आसमान!

[2]

रास्ते पर चलते हुए रामू का मन यों
अपने से ही कहता है कि···
पूंजीवादी ह्रास के
सियाहपोश देहवाले गेरुए चेहरे के भैरव हास के
इस भयानक काल में
दिन का उजाला काले धुएँ के आसमान
में से आया होता है,
मुर्दा अप्राकृतिक धुँधला प्रकाश ही तो

ज्ञान कहलाता है,
यशःलोलुप व्यक्ति की तेजोमयी सत्ता
आधुनिक आदमखोर रावण के घर पर
भिश्तीगिरी करती है,
पूँजीवादी उल्लू के साहित्यिक पट्ठे
राजनैतिक रात में—
ऊँचे किसी छप्पर का आसरा लिये हुए
(रात) चीखा करते हैं,
(घुग्घू का स्वर सुन
नारी का मन पीले पत्ते-सा काँपता,
रोगग्रस्त बालक की साँस टूट जाती है।
रोती है धाड़ मार
आँसू-भरी छाती नयी बहू की।
दारिद्रय के कालिख-रँगे कपोलों की पीलिमा
कभी देगी उत्तर जरूर अवसरवादी को)
पूँजीवादी उल्लू के साहित्यिक पट्ठे
सुनसान रात में अहं-गर्भ वासना से चीखा करते प्रात तक
जीवन के खँडहरों के सुनसान साये में
व्यभिचारी भावों के दृश्यों को उभारकर
आदर्श बघारते।
हाथ जोड़े रहते हैं बड़े-बड़े बुद्धिमान,
बड़े-बड़े पैगम्बर
रावण के घर पहरा देते हैं
बड़े-बड़े नेतागण, बड़े-बड़े ईश्वर !
दुनिया का उदरम्भरी मध्यवर्ग थर्राकर
(रोटी की तलाश में)
बेचता है आत्मा को
वेश्या के देह-सा व्यभिचार के लिए।
मिर्ची की धाँस की खाँसी-सी
पीड़ित उन्हें करती है
जन-जन की साहसी विचारधारा
कर्ममयी अग्निधारा दर्पोद्धत।
जिन्दगी के सूने अकेले एक
कमरे में चुपचाप
(भूत-से)
आत्मा को वासना-संवेदनों में बोरकर

लालसामयी जीभ को चलाते हुए
खाते हैं सुख की, आराम
वे बासी मिठाइयाँ
पूँजीवादी चोट्टों के घर की।
स्वार्थी भी चाहते हैं औचित्य, संगति
सामंजस्य;
सुविधा की डोर से वे शोषण के तर्कों को बाँधकर
फिराते हैं घुमाकर विचारों के पत्थर।
शोषण की बर्बर तरु-शाखाओं पर लटकाकर
फाँसी के झूले में मानव
चाहते हैं छूना वे मानव के सत्य को।
पूँजीवादी ह्रास की गटर में
मध्यवर्गी बुद्धिशील अवसरवादी केंकड़े
खेलते शिकार हैं
आनन्दोल्लास से—
एक ओर जिनके कि अण्डों में देखते हैं ब्रह्माण्ड
आलोचक सत्य-प्रिय 'ब्राह्मण'।

[3]

आधुनिक सहस्रमुख रावण से द्रोह कर
विद्रोही भूमि के संगर-रत पुत्रों ने
धुएँ के उभरते हुए बादलों के ठीक बीच
भागती हुई कौंधती-सी ज्वाला-सी
प्रलम्बित धारा को
आँखों से देखा—
अपने ही हाथों से छूटी हुई
(स्टेनगन की ही) वह आग थी।
शोषण-व्यवस्था को भंग करती हुई
आग की लकीर वह
पृथ्वी पर घूमती
किन्तु यह भीम दृश्य देखकर
भयंकर प्रलय का सामाजिक रूप देख,
महाबाहु शोषितों के
महाभाल निम्नों के
सूखे हुए किन्तु दृढ़
दुर्धर्ष दुर्निवार युद्धोद्यत

चेहरों को देखकर···
भयभीत मध्यवर्ग भागकर
प्राणों की भिक्षा माँग
खड़ा हुआ रावण के आँगन में दीन-सा
टिक गया दानवों की भीत के आसरे
व्यभिचार के लिए समर्पित शरीर-सी बेचकर
हुआ क्या आत्मा का ?
श्वेत-वस्त्र सभ्यता
का एक हाथ, एक पैर
भुतही हवा के किसी स्पर्श से
मर गया
कि यों आधे चेहरों को मार गया लक़वा,
आधा होंठ फूलकर लटक गया एक ओर,
विद्रूप की भयानक व्यंग-हास हँसकर।
कुएँ के कचराभरे सूखे अन्तराल में
घनीभूत ऊँघते अँधेरे-सी
(जागरित स्वार्थों के मच्छरों से गूँजती)
तमिस्रा वह
नींद वह
आत्मा में छा गयी।
भयंकर अपनी ही ज़िन्दगी के
दृश्यों से आँखें मूँद
सिद्धान्तों के तर्कों के कुरते को उतारकर
अवसरवादी दायरे में अंगों को पसारकर
बुद्धि ने बगासी ली।

[4]

बीसवीं सदी के इस पचासवें चरण के प्रयास में
दमन के काले अन्धकार बीच
गगन में उठते ग़रीबों के हाहाकार बीच
रामू के सोये हुए हृदय को
अवरुद्ध जीवन को अकस्मात् किसी ने
सत्य की शक्ति दी औ' हिम्मत की राह दी
पूंजीवादी झूठ के विराट् अत्याचार बीच।
रामू के ग़रीब किन्तु सूक्ष्मदर्शी हिय ने
देखा कि पूंजीवादी ह्रास के

इस भैरव काल में
बादामी काग़ज़-सा प्राणहीन
दिन फीका रहता है,
पुते नीले रंग से सूने आसमान में
सूरज एलुमेन का
करता है चमकने का असफल स्वाँग नित।
किसी अस्वाभाविक प्रकाश की पीली-भूरी धुन्ध में
व्यक्ति, समाज, घर, रास्ते के पत्थर
आभासित होते हैं
अमूर्त छाया-से।
मानो कि श्वेत-वस्त्रधारी इस मानव ने
मानवता त्याग दी।
वर्तमान समाज के घेरे में
व्यक्ति और व्यक्तित्व
स्वयं के मूल्य से नहीं चमक पाते हैं।
चिलकते रहते हैं,
अनुचित निर्धारित मूल्यों से
अस्वाभाविक अनैतिक शक्तियों के असंगत
टूटे हुए होल्डर में लगी हुई
अच्छी-सी निब-सी
केवल अहलकार का काम करती हुई
अच्छे कई व्यक्तियों की शक्तियाँ
गहरे न्यस्त स्वार्थों से अनुशासित होती हैं।
रामू ने देखा कि
दुनिया के पेंदे में
पूंजीवादी छेदों से
आधुनिक जीवन बुद्धिजीवियों का
ठीकरे-सा लगता है।
अनिष्टकारी शक्तियों से परिवार भग्न है;
स्नेह का पारावर सूखकर,
अन्तर का पंजर
(अधिक-से-अधिक किन्तु भूखा हो प्यार का)
निज में का पाताली रेगिस्तान
प्रदर्शित करता है प्रतिपल।
एक ओर ज़िन्दगी की आँतें सब
अन्दर की उभरकर

विदारित उदर में से बाहर निकल
अति शोचयीय स्थिति में यों
गयी हैं फैल-सी
ज्यों अति भीषण दुर्घटना का दृश्य हो
(जो रोज़-रोज दिखता है)
पूंजीवादी गाड़ी के वेगवान
लोहे के पहियों ने
मानव का पेट चीर
विज्ञानोन्नति की।
ज़िन्दगी के भयानक दृश्यों से सुपरिचित
रामू का ग़रीब मन
दुखते हुए फोड़े पर
काँपते-से रक्त के लाल-गोल
उभरे हुए बिन्दु-सा
थरथराता रहता है।
सूखे हुए चेहरों की
पीड़ा से गम्भीर
आँखों में झाँककर
नगण्य साधारण रामू के असाधारण हिय ने
मानवी पीड़ा के विषैले आसव के
लबालब भरे हुए प्याले को पी लिया।
गुंजान जंगलों के हरे-हरे
पौदों के (चुनकर)
ज़हरीले बीजों को भींचकर बनाये गये
काले-से काढ़े की-सी
मानवी पीड़ा को
पीना पड़ा तले से गले तक।
व्याप गयी प्राण में
थरथराहट अबूझ ठण्डी-सी !
आज भी कभी-कभी
किसी की स्थिति देख
काँपती हुई बर्फ़ीली लहरों-सी थर्राकर
फैल-फैल जाती वह—
अपने वज्रानुभवों की याद से जगकर।
क्रान्तिपथगामी किसी राजनैतिक बन्दी की
भूरी नंगी पीठ पर

पशुओं का जोशभरे
चाबुक के प्रहारों से
खींची गयी त्वचा की उछली हुई
लम्बी-लम्बी रक्तांकित रेखाओं
के भिन्न-भिन्न रूप अरे ! जिस प्रकार
उस कारावासी के हिय में
असह्य वेदना ने दी हुई चुनौती के
प्रतिशोध के
संकल्प बनते चले जाते हैं,
उसी तरह, ज़िन्दगी के आधुनिक
भालों की लाल-लाल
अंगार-रूप लोहे के फल की तीखी नोक से
जन-जन का हिय दागा गया है।
सामन्ती घराने की जागीरदार
बूढ़ी-सी सास ज्यों
स्वयं पिशाचिनी का प्रचण्ड रूप ले
विद्रोहिणी विधवा निज बहू की पीटी गयी
पीठ पर बैठकर
ज़बर्दस्त हाथ में
गरम-गरम लोहे की शलाका ले
पीठ दाग़ती है, त्यों
बौनी परिस्थिति ने
भयानक दुःस्थिति ने
रामू के जन-जन का हिय भी
पल-पल में दाग़ा है कि वैसे ही क्रुद्ध हो।
किन्तु उससे विद्रोह
रुकता नहीं। भयानक
वेदना से सिंचकर
बग़ावतें बढ़ती ही जाती हैं।
रामू जानता है कि पूँजीवादी शक्तियाँ
जन-जन की छाती पर बैठकर
शासन के चाक़ू से
विद्रोहिणी बुद्धि की त्रिकालदर्शी आँखों को काटकर
निकाल देना चाहती हैं।
किन्तु इन असफल प्रयासों पर सुविश्वास
करनेवाली आँखें ही उलटी हैं

कौड़ी की आँखें हैं कि जिनमें रेगिस्तान की
सफ़ेदी चिलचिलाती है।···
जिसके कि बीचोबीच
घनीभूत रात की सियाही का घेरा है।
देखती नहीं हैं वे
कि सूखी हुई ज़मीन की परतों को तोड़कर
भूकम्पों की भयंकर वेगोन्मत्त गति से
जन-जन की कष्टजीवी
सर्वहारा शक्तियाँ
शोषकों की दर्पोन्नत
सभ्यता के भव्यतम नगरों को अस्त-व्यस्त
छिन्न-भिन्न उद्ध्वस्त करती चली जाती हैं।
दूसरी ओर भीतिग्रस्त होकर भी
अपने को मृत्युंजय
समझने का घबराया-सा स्वाँग रच
(अपनी ही गली में हो कुत्ते-से शेर ये)
पूँजीवादी शक्तियाँ भयंकर,
जन-जन को
दमन की फ़ासिस्ती भट्ठी में झोंककर
बनाया चाहती हैं वे
उनकी अस्थियों से श्वेत
आराम का फ़र्नीचर।
बीसवीं सदी के इस पचासवें चरण के प्रयास में
दमन के घनघोर तुमुल अन्धकार बीच
गगन में उठते गरीबों के हाहाकार बीच
रामू के सोये हुए हृदय को
अवरुद्ध जीवन को अकस्मात् किसी ने
सत्य की शक्ति दी औ' हिम्मत की राह दी
पूँजीवादी झूठ के विराट् अत्याचार बीच !

[5]

बड़े-बड़े व्यक्तियों की नयी-नयी कुर्सियों का वार्निश सूँघकर
सजी हुई बैठकों का वातावरण
अहर्निश सूँघकर
रामू का स्व-भान झख मारता, झींकता
चूँकि उसके कानों में बसी हुई चीख़ थी

उसकी ओर कातर होकर
देखनेवाली आँखों का प्रतिबिम्ब
हिये के अकेले में तैरता ही रहता था।
स्वयं की, स्वकीयों की उदर की पूर्ति किन्तु
अनिवार्य कार्य थी
कि जिसके एक धक्के ने कर दिया था निर्वासित
बड़प्पन की ऊँची दीवालों की
विषैली छाया के घेरे में घिरी हुई
ज़मीन की रेत में
बिखरे हुए गेहूँ के दानों को बीनने।
किन्तु यदि वह पूर्ण रूप से वह दास न हो सका
तो कारण यही था कि
मामूली व्यक्ति वह नगण्य टीचर था।
किन्तु हाय ! क़र्ज़ के चट्टानी बोझ ने
पार्ट-टाइम सेवाओं की
टूटी हुई सीढ़ियों पर चढ़ने के लिए कर मजबूर
सजी हुई बैठकों के द्वार तक
रामू को पहुँचा दिया आप-ही-आप।
दिन-भर की अर्थहीन मेहनत के अनन्तर,
पसारता था रामू के हिय में
चिन्ताओं की ऊष्माभरी
अम्लमय भस्म की लम्बी घन परतें
बुझता हुआ साँझ का अंगारा चुपचाप।
संवेदन की मानसिक गूंजें किन्तु
कहा करतीं रामू के कान में
ज़िन्दगी के पूंजीवादी शोषण की गाथाएँ।
उकताकर बहुत बार
आधे-भूखे उदर, हृदय, आत्मा के इस
प्रवंचित जीवन से, सोच बैठता रामू कि
किसी तरह
सीढ़ी-पर-सीढ़ी
निज व्यक्तिगत आर्थिक क्षमता की हवेली पर
चढ़ जाना चाहिए
कि जिससे छुटकारा हो
दैनिक यन्त्रणाओं से।
किन्तु, इस विचार के उठते ही

उल्का-सा दूसरा भाव
टकरा जाता पहले से। ठहाका-सा मारकर,
चिढ़ा मुँह, वही भाव कहता कि विद्यमान
गुँथी-बिंधी उलटी-सीधी स्थिति में
राजनीति, साहित्य और कला के प्रतिष्ठित महासूर्य
बड़े-बड़े मसीहा
सरकस के जोकर-से रिझाते हैं निरन्तर
नाचते हैं, कूदते हैं
शोषण में सिद्धहस्त स्वामियों के सामने।
व्यक्तिगत आर्थिक निज
क्षमता की हवेली पर
सुखों की चाँदनी पर
तारों नीचे सोने के हेतु वे
नये बाथरूमों में नहाने हेतु वे
चुपचाप आदर्शों को बाज़ू रख या भूलकर
अवसरवादी बुद्धिमत्ता ग्रहण कर
औ' जिन्दगी को धूल कर
बिलकुल बिक जाते हैं।
रामू ने अपनी लघु आँखों के सामने
बुरी तरह भागते हुए वीरों को देखा हत।
किन्तु फिर भी अपने सुखी जीवन का स्वप्न वह
अरे। भंग नहीं हुआ!
लेकिन उसकी उपलब्धि
जन-जन की छाती पर ही चढ़ बोला करती है
आज के समाज में
दूषित उपलब्धि तक पहुँचने के लिए भी
रास्ते टेढ़े-मेढ़े हैं
संवेदना की मानसिक गूँजें नित
रामू के खुले हुए कानों में कहती हैं
कि यह चढ़ते जाना है गोल-गोल
घुमावदार, चक्करदार
ज़ंग-लगी पुराने लोहे की
ऊँची-ऊँची, सिकुड़ी-सिकुड़ी, छोटी-छोटी ख़तरनाक
बल खाती सीढ़ियों पर
(व्यर्थ होती) आर्थिक ज़िन्दगी आज की।
बल खाते चक्करदार ऊँचे-ऊँचे

ज़ीने पर चढ़ते चले जाना है
कि जो चढ़नेवाले को देता है पहुँचा उस पुराने कमरे में
कि बरसों से जिसकी धूल झड़ी नहीं है—
माना कि कॉट है
लेकिन उसके लोहे की टाँग टूट गयी है,
माना कि मोटी एक गद्दी है उस पर
किन्तु कुछ चूहों ने कुतरते हुए स्थान-स्थान
सूनेपन की बास से भरे हुए
कपास के गुच्छे-के-गुच्छे
ऊपर निकाल दिये हैं,
माना कि कमरा कुछ बड़ा है
खिड़की है कि जिसमें से दूर का
क्षितिज-दृश्य दीखता है अब भी
किन्तु वह कमरा तो है भुतहा
कइयों ने किये वहाँ कामाचार, व्यभिचार
कइयों ने कदाचित्
भीषणतम हत्याएँ हुई होंगी वहाँ पर
अहं, उदर और काम के
अनगिनत सर्ग और अध्याय
कमरे की वस्तुओं में, भीतों पर
दीखते हैं लिखे हुए।
बिक जाने पर भी यों
निम्न-मध्यवर्ग के लिए
यही कमरा निश्चित ही रिज़र्व्ड है।
मध्यवर्गी जीवन की पूर्तिहीन
उदासीन साँझ में
घर लौटते हुए
व्यक्तिगत जीवन की भयानक प्राचीरों के पार मन
उड़ जाना चाहता है
अतिशय कठोर और संक्षिप्त
ज़िन्दगी के बाँझ मृत खल्वाट
क्षेत्रों की मर्यादाएँ तोड़कर
स्वयं की वास्तविक
सुकर्तव्य-भूमि पर पैर रखना चाहता है
सम्पूर्ण एकोन्मुख एकाग्र शक्ति से।
सुबह की रेशमी रश्मियों के पलों से

तो साँझ के उस पूर्तिहीन उदासीन काल तक
प्रत्येक चरण पर
मानव के जीवन की
नाना-रूप, विविध-भाव
समस्याएँ नाजुक-से इशारों से
रामू का ध्यान खींच
कर्तव्यों की प्रेरणा जगाया करतीं रात-दिन
मानो कि रेगिस्तानी मैदानों की रात में
काले आसमान की तारिकाएँ अनगिनत
चमकीले इशारों से
पथ-दर्शन करती हुई बुलाती हों पास निज
अथवा किसी गाँव या नगर में से
जाते हुए यात्री को
उसके आस-पास के जीवन के दृश्यों से
समस्या के जलते हुए तीव्र भाव
सूचित होते रहते हों
वर्तमान जीवन के व अपने कर्तव्य के।
सुबह से लगाकर तो शाम की थकान
तक के काल में
पूर्तिहीन मेहनत का ढोता हुआ भार वह
जीवन के दृश्यों में प्रवास ही तो करता था
रामू के तन-मन
प्रभात से सन्ध्या तक।
कर्तव्य के, सृजन के, संघर्ष के उत्साह की
अपनी बात कहने के भयानक दाह की
करता था पूर्ति वह
दुखती हुई पसलियों, थकी हुई पीठ औ'
अलसाये गात की
माँगों का गला घोंट।
स्त्री के व बच्चों के सोने पर, रात में
तारोंभरी मध्यरात्रि बीच वह
कुत्तों की नाराज़ भौंकें सुनता हुआ
करता था काम वह
किन्तु कभी ज़बरदस्त नींद के झोंके में
गिरफ्तार होकर वह
पीली-लाल लौ की काली-काली जीभवाले लालटैन

के समीप लुढ़क जाता रामू था
पत्थर-सा, सिल-सा।
गरम-मिज़ाज किन्तु वह रामू का लालटैन
स्वामी को सोता हुआ जान औ'
केरोसीन की कमी देख
एक ही सपाटे में भभक करके फक्-से जाती बुझ
विचारों के बुख़ार से ग्रस्त वह मस्तिष्क
(रात-भर उसी के सपने चलते रहते थे)
अफ़सोस के धुएँ से था जाता भर सुबह में !
लहराता मस्तक में अफ़सोस
ज़बरदस्त अफ़सोस
कूड़े के ढेर में लगायी गयी
आग के धुएँ-सा लहराता।
सुबह से ही अर्थहीन
कार्यों का दानवी लौह-यन्त्र
चलेगा तो साँझ की उस आख़िरी सीमा तक
चलता ही रहेगा वह—
सुबह तो उठते ही ख़याल यह—
'काम जो अधूरा है,
लोगों को भाई ! वचन दिये हैं,
कितनी कम है आत्मशक्ति, छिः-छिः, थू-थू,
अमुक-अमुक बात अभी हुई नहीं,
फ़लाँ किताब अभी तक पढ़ी नहीं,
कैसे होगा ? कैसे करेगा, रामू तू !
फूटे हुए ढोल की
(बैठे हुए गले-सी) मोटी ठस आवाज़
बार-बार, रामू के मस्तक में गूँजती ही रहती है,
'कैसे होगा···कब होगा ?'
ख़ुद को ही कोसता हुआ दिन-रात रामू भी
सभी तरह से सन्तप्त अभिशप्त ज़िन्दगी
के दृश्यों को देख
झख मारता, झींकता
किन्तु जब छुट्टी का, इतवार का दिन
यों ही बीतता बग़ैर किसी काम के
तो भीषण अफ़सोस के स्वरों में बुदबुदाता वह
अपने-ही-आपसे :

'गया व्यर्थ सारा दिन
मेहनती ग़रीब के किसी रोगग्रस्त
क्षीणकाय किन्तु भोले प्यारे शिशु-सा
यह मृतप्राय दिन
गया बीत।
पहले से ही मरणासन्न
उसकी स्थिति डावाँडोल।'
किन्तु वह नित्य उदासीन नहीं रहता था।
सुबह से तो शाम तक
चलते हुए काम की
पीली-भूरी मेहनती ज़िन्दगी
में स्वाभाविक मृत्युंजय वीरता —
सहानुभूति-करुणा के, धीर व्यक्तित्व के
गम्भीर चरित्र के दर्शन होते रहते थे,
पाकर जिन्हें रामू के नयनों में छा जातीं
पलकों में आँसुओं की पाँतियाँ
किसी गहराई की तल्लीनता की छाया में पली हुई
जीवन की समस्त
चेतना के मानो मणि कण।
जीवन के भव्यतम दृश्यों के दर्शन कर
रामू अपने मन को यों बतलाता
कि समझाता ही रहता है :
इतने सब कष्टों की
(लीलने को फैलती हुई)
काली-नीली जीभों के बावजूद,
ज़िन्दगी के विपर्यासों, वैषम्यों, अभावों के
कि दैत्याकार मर्कटों के व्यंग्यमय
(खिड़की में से झाँक मुँह चिढ़ाते-से)
भयानक
जंगली आँख, नकटी नाकवाले स्याह
चेहरों के बावजूद,
आधुनिक जीवन यह महान् है
जन-जन के उरों में आज
संघर्ष का, साहस का सुनहला गान है
जन-जन के हृदय में आज नया सूरज उगा है
कि जिसके संस्पर्शों में

खिले हैं धरती की ज्वालाओं के नभचुम्बी शतदल
चमकते हैं गभीर युगान्तकारी
शक्तियों के अंगारी सितारे
मानवीय संघर्ष के (काव्य के) सहारे।'

सुबह से लगाकर तो शाम के किनारे तक,
फूलों के ताज़ा ओठों खिली मुस्कान-से
तो तारों के इशारे तक,
(रास्ते पर चलते अथवा कहीं पर
करते हुए मेहनत)
कष्टजीवी चिर-व्यस्त
रामू के सर्जनशील भाव चलते रहते हैं।
अन्दर, अन्तःसलिला में
अन्धता, उपेक्षा की बर्फ़ गलती रहती है।
खुली आँखों, खुले अन्तर घूमने पर,
मनुष्यों की धकधक करती प्राणमयी
चलती-फिरती दुनिया के क़दमों को चूमने पर,
ज़िन्दगी की हिम्मत का, ताक़त का झरना झरता रहता है;
आत्मा गीली रहती है
(मस्तक में घूमनेवाली) कथाओं में मानवी,
व दिल ऊँचा रहता है
विचारों की पताका-सा
व स्वच्छ रहता मस्तिष्क
प्रतिछाया लिये हुए मानव के रूप की।
रास्ते पर चलते हुए,
करते हुए मेहनत,
सुनहली आभाएँ फैलती हैं विचारों की धूप की।
चिर-व्यस्त रामू के
सर्जनशील भाव चलते रहते हैं।
अपनी चिर-अनुभूति बने हुए
उद्वेगों से उठकर
आँखों में तैरती हैं
संघर्षों के दृश्यों की पाँतियाँ
खिलते जन-जीवन के नव स्वप्न लाख-लाख
धूल-रमी पलकों में रमते हैं।
रहे चाहे जहाँ भी नगण्य रामू यह—

निज को वह पाता है
स्थान पर कर्तव्यों के, सैनिक के-से कार्य में
जन-संगर-प्रवेगों के कार्य शिरोधार्य में
अपने को एकोन्मुख मग्न-सा पाता है
रास्ते पर चलते हुए,
करते हुए मेहनत;
पृथ्वी पर चलते हुए घोर
जन-संघर्षों में
रामू निज को तदाकार संलग्न-सा पाता है
आँसू उठ आते गहन सहचरता के बोध से
कष्टजीवी जनों के
वे पावन अनेक चित्र
आँसुओं में तैरते हैं कण्ठावरोध कर।
वर्तमान जीवन की दुःस्थिति
गहरे जन-संघर्षों की
वेगवान गति के बीच में
रामू खोज लेता है अपना स्थान।
अपना ही पुनःशोध
रामू को होता है, होता है पुनर्बोध स्वयं का !
उल्का-से भाव सौ
मन के आसमान में
नीली द्युति चहुँ ओर आँककर
अति तीव्र गति से हैं गतिमान।
तूफ़ानों-से छूटते हैं अभियान।
अर्राकर पुराने वृक्षों की सड़ी हुई
अजगरों-जैसी पृथु शाखाएँ परस्पर
पत्रों के प्रलयंकर मर्म में भान खो
तने समेत
धड़ाम से यों नीचे गिर
प्रदर्शित करती हैं उद्ध्वस्त-सी वृक्ष-देह
संकेतिक करती है अन्त एक
लम्बे दुःस्वप्न से भयंकर युग का।
बड़े-बड़े दुर्गों की भयान्तकशील
भव्य दीवालें
लड़खड़ाकर धूल का बवण्डर-सा उठाकर
मिट्टी के मटमैले (बौनी-सी पहाड़ी-से)

पराजित ढेर में
हो जाती हैं परिणत !
अवरुद्ध क्रोध के सब सामूहिक सामाजिक
बाँध टूट जाते हैं।
शोषकों की भव्योन्नत सभ्यताएँ
माचिस की सीक-से
जलाये काग़ज़-सी जल उठतीं
ऐतिहासिक हाथों से।
रास्ते पर चलते हुए,
करते हुए मेहनत,
ज्ञानशील वेदनामयी तीव्र अनुभूति
तीव्र की कराह भर
रामू का तन-मन
चाहता है कूदना
कालान्तकारी उन ऊँची-ऊँची लहरों में जिनके
नभोभेदी क्रुद्ध हुंकारों से
नवयुग का समारम्भ गान बन जाता है
खण्डित मनस्तत्व
जुड़ते हैं नवीनतम
सशक्त व्यक्तित्व के सुनैतिक रूप में।
पुत्रों के हाथों से
पृथ्वी का भाग्य-चक्र चलता हुआ देखकर
माँओं के मुरझाये चेहरे खिल उठते हैं।
कष्टजीवी जीवन के गहरे इतिहास-चित्र
कण्ठावरोधवाले आँसुओं में
रामू की आँखों में तैरकर
करते हैं समुद्विग्न ज़िन्दगी का कण-कण
भविष्य का संकेत
सूखे हुए सँवलाये चेहरे पर
अकुला उठता भयंकर !
ज्वालालांकित सपनों का फैलता है आसमान
रामू के अँधेरे मकान में।
हरहराते भावों के आँसू भरे मानवीय वेग में
आत्म-बलिदान की कठोर प्रतिज्ञा कर
ज़िन्दगी का रास्ता
पूँजीवादी दानवों, औ' मध्यवर्गी नपुंसक मानवों

की वंचना-नगरी से छिटककर
टूटे-फूटे घरोंवाली सील-खायी
गलियों के अँधेरे में
रहनेवाले आगामी युगों के स्रष्टाओं
के चौराहों पर मिलता है ।
बीसवीं सदी के इस पचासवें चरण के प्रयास में
जन-जन के दमन के काले अन्धकार बीच,
गगन में उठते ग़रीबों के हाहाकार बीच,
रामू के सोये हुए हृदय को
अवरुद्ध जीवन को अकस्मात् किसी ने
सत्य की शक्ति दी,
औ' हिम्मत की राह दी
पूँजीवादी झूठ के विराट् अत्याचार बीच ।

मुक्तिकामी पैरों की मोच की चीख़

ग़लियों में भरी हुई, सदियों की रुँधी हुई
अर्धभग्न मकानों की गन्धभरी
युगों की बासी साँस निर्जीव
सुबह के समीर में
तीखी-सी उद्विग्न चिन्ता की लकीर बन
मन मथ देती है !
किरणों के सुनहले तारों पर
मेरे चिर-उद्विग्न विचारों के पंछी बैठ जाते हैं
जीवन की गति भर उठती है प्राणों में
आकाश के मीलों की बेचैन उडानें भर उठती हैं कराहते दक्ष में
गलियों की गीली—
भग्न दीवालों की बासी
साँस
उलझी हुई ज़िन्दगी की
आयी हुई दुखती हुई आँख लाल
मुझे भड़का देती है
देह से लिपटे हुए नाग-पाश भींचने
दिन के उजास में
किसी ध्रुव लक्ष्य की सपनोंभरी चिन्ताएँ सताती हैं

भीमतर प्रयास मेरे मन का
अहेरी की भयानक संयमित व्याकुलता
जगा देता प्राणों में
साहसी विजय हेतु।
धरती की गति भर उठती है वक्ष में
प्राणों में भर जाती है भयानक कोई तेज़ रफ़्तार।
छटपटाते हुए मेरे मुक्तिकामी पैरों की मोच चीख उठती है।
(रोज़-रोज़ चल-चलके गिरने के)
घुटनों में लगे हुए ताजे घाव
कभी भी न गिरने का दाँव लगा बैठते हैं
मीलों की दौड़ का।
रक्त के लाल दाग़ों भरी हुई
मैली बासी धोती-सी मेरी यह
अति तुच्छ आत्मा
दिवस के प्रकाश की चादर बन जाती है !
भीमतर प्रयास मेरे मन का
अपार हो जाता है और फिर भयानक
चिन्ताएँ उड़ते हुए
सन्देशवाही (युद्ध) कपोतों-सी
कानों में तुरन्त नव-तत्परता के गीत सुना जाती हैं
गीली घुप्प अँधेरे की बासी साँस
गहरे-से अर्थ-भरी परछाईं-सी
आँखों में मूर्त हो घूम-घूम जाती है !
गलियों में भरी हुई
स्पन्दनहीन हवाएँ व्यथाएँ भर देती हैं
मेरी अन्तश्चेतना की गहराई में
जलता हुआ तेजोमय रसायन
तीव्रतर होता है।
सपने-से आते हैं कि किसी दिन
पुराने मुहल्ले होंगे सब साफ़
भाफ होकर काले दाग धरती के सब मिट जायेंगे
मानव धुकधुकी में
सुनहले दिवस का रक्त खिलखिलायेगा।
क्यों न फिर आज ही दिवस के सुनहले कपोलों पर
सन्ताप-से भरे, बुखारभरे इन होंठों का
वेदनाभरा मेरा संवेदित चुम्बन

अपार हो जाये; और
प्यार हो जाऊँ मैं विशालतर
क्यों न फिर आज ही

इस ध्रुव लक्ष्य की उच्चतर मंजिल के
मनोहर सबसे ऊँचे उस रोशनदान में
मुक्त-उर बुलबुल की
वसन्त को निमन्त्रणशील मधु-रागिनी गायी जाय

छटपटाते हुए मेरे मुक्तिकामी पैरों की मोच
चीख़ उठती है—
प्रेम, राग-रागिनी, युद्ध
सब, एक साथ एक ओर पंक्तिबद्ध चलेंगे औ' गूँजेंगे
पहले तो किसी की अस्थियों से
किसी के लिए वज्र बनेगा
कदाचित् मेरी भी अस्थि कभी किसी काम आ जाये
जनों के हाथों में खिलाफ़ जानवरों के।

सत्य के गरबीले अन्याय न सह

सत्य के गरबीले
अन्याय न सह, मित्र
संघर्ष करता हुआ तू जीवन का खींच चित्र
मिथ्या की हत्या कर बुद्धि के, आत्मा के विष-भरे तीरों से
खींच चित्र मानव का प्राणों के रुधिर की लकीरों से

तेरे द्वारा भूले हुए
याद, पर दिलाये हुए
अनुभवों के सत्यों प्रति जीवन का दण्डवत होगा जब
श्रद्धाभार नत-हिय, नम्र-ग्रीव स्वीकृति होगी जब
आँसुओं से सिंचे हुए
गालों पर आभासित जीवन की अनुभूति
होगी जब
पथ पर प्रकाश तब बढ़ता ही जायगा
वीरान हवा में गीत कोई तब तेरे लिए

गाता चला जायगा

जीवन के मन्दिर-शिखर तब
उगेगी न भूरी घास,
न सही बाग़,
गृह में न सही फूल
जीवन के पथ पर जंगली झरबेरी की झाड़ियाँ ही सही और
लाल-लाल किंशुक-पलाश-काँस
न सही हर्ष आनन्द उल्लास विशेष,
न सही कोई मान्यता का प्रतिदिन नवोन्मेष,
जीवन का काव्य, किन्तु बनता ही जायगा,
सहचरता भ्रातृत्व का गहरा अमृतानुभव
जीवन का उत्सव किन्तु मनता ही जायगा !!
बिरादरी है तेरी नयी, नया भाईचारा है
जिनके नहीं पास कुछ, उनका ही सहारा है !!

जीवनानुभव सत्य बहुत ही कठोर
सिरफिरा मुँहज़ोर है
उनका न बुरा मान आकर इस छोर पर
उसके अतिभव्य रूप प्रति सीख
नम्रता के नव-मान
बड़ों का सहारा झूठ, छोटों की सचाई ही का आसरा
छाती के घावों के लिए सुखदायी है
ईमान की गरम फूंक और
संघर्ष की श्वास।
तेरे-जैसे पीड़ित कि शोषित असंख्य जन
कब से खड़े हैं, मित्र तेरे इन्तज़ार में
बाँहों में भर ले तू छाती में डुबो ले आज
उनके अपार प्यार-भरे मन, यों अपने को उबार ले !!
उनके सहयोग से तू उनके ही साथ-साथ
खींच चित्र मानव का प्राणों के रुधिर की लकीरों से
मिथ्या की हत्या कर बुद्धि के विष-भरे तीरों से—
किन्तु पहले तू सिद्ध कर
अपनी ही आँखों में अपनी तसवीर को व उनकी तसवीर को
फिर समुद्घाटित कर न्याय की किरणों में जीवन की पीर को
मिथ्या के अन्धतम कुहरे को चीरकर

सुनहली धूप-सा निखर उठ
लोकजीवन के सूरज को प्रणाम करता हुआ
अन्याय को चुनौती दे कि उभर उठ !!

अमृत का घूँट शक्ति के

आज मैंने शक्ति के अमृत का घूँट पिया,
धरती ने अपना धानी घूँघट उघारकर
मुझमें अपना ज्वलन्त वसन्त निहार लिया।

मेरी हृदय-अग्नि के आसव को पिये, अरे
धरती ने खिलाये हैं ज्वलन्त लाल-लाल
नये-नये फूल कैसे लगते हैं आगभरे
जीवन-सुहाग-भरे !!

मैंने पहचाना भी नहीं कि वे मेरे हैं,
धरती को कहा, तेरे फूल सब तेरे हैं
वसन्त नहीं हूँ, केवल तेरी ही लावण्यमयी,
छाया हूँ, तेरी ही जो मुझ पर ही छा गयी !!

धरती औ' वसन्त के समान ही जो नाता है
धरती है मानव तो वसन्त मानवता है !!

नया आदित्य

अजी ! एक जन-साधारण का
अविरत फ़ाउण्टेनपेन चल रहा,
ऊपर नभ में मेघ वज्र ले,
खड़ा देखता रहा कि सहसा
मेरा मौसम क्यों बदल रहा।
खपरैलों के नीले श्यामल
बल खाते धूएँ के बादल
की गरमीली उसाँस पीकर
अजी, क़लम यह आग उगलती

नीले नभ के जिस सूरज की
बराबरी में धधकाती है
सूर्य-प्रभाएँ अपने दिल की ।

मानव-लक्ष्यों का सहस्र-दल
नयी ज़िन्दगी का यह सूरज
बिखराता है अग्नि-रत्न-कण
संघर्षों की रक्तिम केसर
जन-जन की गलियों राहों में ।
मानो कविता का युग अभिनव
जलते रहते सूर्य-खण्ड-से
जबकि, ज़िन्दगी के सौ अनुभव !!

आज एक जन-साधारण का
टूटा फाउण्टेनपेन चल रहा
कब से दिल में जमा हुआ यह
सीसे का सागर पिघल रहा

कड़ी ज़िन्दगी के कठोर
घनघोर अनुभवों की ये परतें
दिल की पाताली गर्मी में
गल-गलकर यूँ बहते-बहते
मानवता की मनोहारिणी
नीली झीलें बन जाती हैं
जिनमें सबको अपनी सूरत
निखरी हुई नज़र आती है !!

अजी, ज़िन्दगी के घावों की
रुधिर-धार की पगडण्डी पर
चलते-चलते मिला काव्य को
भव्य दीप्तिमय क्षितिज-पुत्र नव
जिसकी आँखों की स्वप्नावलि
में नवीन युग की छायाओं
में मानव-युग की भावांजलि !!

क्षितिज-पुत्र वह नहीं, मात्र वह

मेरे-तेरे-सबके मन की
गहरी-गहरी परछाइँ-सी
लोक-सत्य की विमुग्ध ज्वाला
जब सहसा विकराल हो चले
तभी जान लो अरुण पंख पर
गगन पार कर उतरा सूरज
मानव-सागर के कगार पर
तब समझो हो गया युगान्तर !!

अजी, एक जन-साधारण का
टूटा फाउण्टेनपेन चल रहा
आज हिमालय बूँद-बूँद गल
जन-गंगाओं में सँभल रहा
आस-पास की ज्वालाओं के
मस्तक नव कवि के चरणों पर
हिन्द महासागर की घूर्णित
लहरों की ग्रीवाएँ उठकर
देख रहीं—कैसा नज़्ज़ारा !
लेखक ज्वालाओं के ऊँचे
भव्य कमल भीतर बैठा है,
उसके लिए नभोमण्डल से
झगड़ा कर हिमगिरि ऐंठा है !!
अजी, एक जन-साधारण का
टूटा फाउण्टेनपेन चल रहा !!

पीत ढलती हुई साँझ

पुर के प्रसारान्त में पीत
ढलती हुई साँझ

दिन के निरे व्यर्थ श्रम-भार उपरान्त
हिय के अरुण भाव-अंगार पर भस्म की पर्त
उठते हुए धूप के स्तम्भ-सी घोर आकार
चिन्ता भयंकर असद्-अर्थ
गहरी उदासी तमाकार

मन में घिरी और
चेहरे-बसी म्लानता-कालिमा फैलती है क्षितिज तक
भयंकर घृणा एक
कालान्तकारी पसरती विघातक
विरागी हुए प्राण मानो कि
वैराग्य की धूल से सन
किसी पीर की क़ब्र बरगद-तले भग्न वह आज
अवसन्न बेमन।
लगता कि ब्रह्माण्ड खल्वाट्
जीवन हुआ बाँझ
पुर के किनारे खँडेरों-थमी पीत
ढलती हुई साँझ।
दिन के निरे व्यर्थ श्रम-भार उपरान्त
घर लौटते वक़्त
आत्मा हुई हाय ! निःशक्त
आँखें अरे ! देखती हैं—
उदासी भरी साँवली मूर्ति फीकी
कि घर के अँधेरे भरे एक सूने विवर में
प्रतीक्षातुरा आत्मा है किसी की
व हैं पास निस्तब्ध शिशु दो
कि विपदानुभव से सयाने
हुए बाल्य ही में !
कि ऐसे ग्रहणग्रस्त खग्रास शशि दो
···भयानक समस्या
गहन प्रश्न
ऐसे, कि वे दैत्य-आकार मर्कट
कि जो झूमकर-झूलकर कूदते तोड़ते हों
किसी वृक्ष की शाख वितृष्ण
···भीषण समस्या
गहन प्रश्न !!
शाखान्त के कूल
से भू-पतित ज्यों हुआ फूल
मन जा गिरा, बस गयी धूल
निज से हुआ हाय ! मैं आज परित्यक्त परित्यक्त
दिन के निरे व्यर्थ श्रम-भार उपरान्त
घर लौटते वक़्त

आत्मा हुई हाय निःशक्त !

'धूएँ-जले काजली पीतली पात्र-से
हो गये प्राण
चुपचाप धो लो कि लो माँज
पुर के किनारे मिलों के धुएँ से
दुखी आँख-सी लाल
खिझती हुई साँझ
पाये न कर आत्मा कल्पना बाँझ !
गलियों भरी श्वास-अवरोधकारी
घनी धूल के धुन्ध में म्लान
तुम लुप्त होकर
कि गृह-ओर खोकर
नहीं भूल जाओ गहन 'आज' का वेदना ज्ञान
मन में अकेले बहुत ज़ोर से तुम पुकारो
कि पाऊँ गहन शक्ति
ऐसी सहन शक्ति
जिससे (सतत कष्ट-जीवन
मरुस्थल न रहकर)
नये निर्झरों-सी झरे लक्ष्य-आसक्ति
कड़ुए घिने तेल के मैल से सिक्त-श्यामल
उदासी भरे मुफ़लिसी के दियों में दमकता
उठे एक उद्बुद्ध
कालान्तकारी कि जीवन्त रवि-हास
विक्षुब्ध जागर-मधुर ज्ञान-विश्वास
की विश्वमय ज्योति
मैले धुएँ-काजली बाँस-छत के घरों में
समा जाय नव-नील निःसीम आकाश
सूने अँधेरे भरे गृह-विवर में चले आएँ फैले
मधुर चाँदनी से भरे
पथांकित अनाद्यन्त मैदान
ढीली हुई चौखटों की खुली खिड़कियों से
बहे जायँ सब ओर
पीले कि सूखे हुए अस्थि-रेखित
चिन्तानुशोषित मुखों से समुद्गत
महाक्षोभ के, क्रान्ति के

वेदना-ज्ञान-संवेदना-गान !!'

सुनता रहा मैं यही एक गम्भीर
घन-गर्जना-सी असन्दिग्ध आवाज़
चिन्ता-मलिन साँझ नाराज़
हिय चीरती कह रही प्राण के भाव
दुखते हृदय के गहन शब्द रक्ताक्त
रुधिराक्त वाणी कि सर्वत्र थी व्याप्त
जिससे महाप्रेरणामय अनाद्यन्त
मानव-कथा नव हुई एक जीवन्त
जो वेदना की तड़पती लहर-सी
हृदय चीरती जा बसी प्राण में तीव्र
विजयिष्णु झंकार
जिससे हृदय में खिला है
दहकते हुए लाल अंगार का फूल
मौलिक महासूर्य का सत्य आमूल
दिन के निरे व्यर्थ श्रमभार उपरान्त
घर लौटते वक्त
भीषण विषैले घने मेघ के पुंज-से भाव, लाचार
सब ओर बिखरे कि भागे
भयाहत मलिन स्यार
गिर जाय मोटी घनी ज्यों परत—
कूल की मृत्तिका-कोर जलधार
ज्यों कट गयी बह गयी-सी लगी आज
व्यक्तित्व की घोर
धूएँ-जली स्याह दीवार
ढह ही गयी छत—हुआ उर अनावृत
कि मन-प्राण में आ समाया
गहन-नील आकाश
ओझल हुई साँझ की आख़िरी
नील परछाइयों में
(कि गृह-ओर जाते हुए यों किसी सत्य की झाँइयों में)
हुई आत्मा शान्त-द्युति
ज्ञान-विश्वास माधुर्य-आवास !

धीरे उठा नील नीरव गहन मेघ

हौले लगा मापने मुक्त आकाश के मील
धीरे उठा नील-द्युति इन्द्र।
भीगा हुआ कुन्द-चम्पा-चमेली-जुही साँस में वह खिला चन्द्र
क्षिप्रा किनारे हरी दूब की रात्रि-शीतल
मधुर नम-नरम साँस
है कूल-मैदान पर मुक्त फैला हुआ वह
कुहरवासिनी चाँदनी से भरा स्वच्छ आकाश
मेरी गली के अँधेरे हृदय में
उठा तैरता-सा (मधुर नील आकाश के स्पर्श का) हास
हैं धुल उठे-से गली के मलिन कूल
क्षिप्रा-पुलिन की पवन की लहर से
उदासी-व्यथा की हटी काजली धूल।

मैं सोचता चल रहा हूँ कि कैसे मिटाऊँ
थके पैर में यह समायी हुई मोच
कैसे जलाऊँ लगे ज़िन्दगी में
कठिन आपदा की
ततैयों भरे घोर छत्ते
यही एक अनुशोच···
इसी सोच के साथ-ही-साथ
श्यामल गली की कठिन ज़िन्दगी हो गयी दृश्य दुःस्वप्न साक्षात्
देखा कि टूटी हुई खाट
पर एक बीमार का घोर धँसता हुआ ठाठ
धब्बे सभी ओर दीखे दुखी रक्त के लाल
बहता हुआ रक्त, फूटा हुआ भाल
पागल हँसी, भाग्य का शीर्ष खल्वाट्
सन्ताप से घोर सूखे हुए ओठ
पिचके हुए गाल
आँखों-रमी एक पागल चमक क्योंकि
उर में घटित कष्ट सन्ताप विक्षोभ विभ्राट्
खाँसी पुरानी सरीखे कि हैं भूख के कष्ट दारिद्र्य के ठाठ
आत्मा गली की नयी एक उद्भ्रान्त संवेदना बन
हमारे हृदय में बनी कष्ट-कम्पन
कि निज के परे, औ' स्व के पार
श्यामल गली की महावेदना का नया एक संसार
गहरी गली के हमारे जगत् में कि

सह-भाव अनुभूति का चाँद
सबका वही चाँद वह एक आह्लाद
संकल्प संघर्ष नव बुद्धि का सूर्य
सबका वही सूर्य
सबका समाकार समशील है हर्ष-अवसाद
निज के परे, औ' स्व के पार—
निज के, स्व के कष्ट के मूल-कारण गहन-स्रोत
का चित्र हो ही गया स्पष्ट साकार
निज के परे औ' स्व के पार—!!
उपन्यास के मूल जलते हुए रंग
में मानवी काव्य मानव-चरित् मूल व्यक्तित्व के अंग
खुल-से गये ज्ञान-निष्पत्ति रस-भाव के संग
गहरी गली के जगत् का नया भाव-सम्भार
उद्देश्य अभिप्रेत आदर्श
है एक संघर्ष, है रक्त संघर्ष
क्या व्यक्ति का भाग्य रुधिराक्त पथ पर
कि यह त्याग का काल, ये क्रान्ति के वर्ष
गहरी गली की रुँधी आत्मा में बिंधा
सत्य का दिव्य जलता हुआ शर
इसी सोच के साथ-ही-साथ
बढ़ता चला मैं कि गृह-ओर
गत-खेद, हत-शोक
मेरी प्रतीक्षा कि थी कर रही मौन
गृह-श्वास, गृहिणी गृहालोक
सत्य के पास था सत्य का श्वास
सन्देश-सा रत, विश्वास-सा भव्य
लाया अरे, आज गृह में नया एक कर्त्तव्य
संघर्ष की शक्ति संघर्ष का स्वप्न
संघर्ष का श्वास
गृह में नया एक वातावरण हास
गृह-दीपकों में उठी फुरफुराती हुई ज्योति
गृह-मस्तकों में उठी सरसराती हुई वात
गहरी नयी वेदना में चमकती हुई-सी
हुई एक शुरूआत
गहरे उसी भाव के लोक में वे गये फैल गम्भीर
सबके हमारे हृदय हो गये एक

दीवार पर मानवी गूढ़ छाया हुई गाढ़
था प्राण संघात कि विचार की बाढ़
आत्मा हुई गाढ़,
प्रगाढ़ थी शक्ति-अनुभूति
गहरी गली की सबल आत्मा ने
कि चुपचाप कर दी अपरिपक्व व्यक्तित्व की पूर्ति

उस रात गहरी गली को दिखा स्वप्न सुविशाल
उतरा घने वृक्ष पर नील
ज्वाला-रुचिर भव्य स्वर्णिम विहंग एक
जलते दमकते हुए पंख फैला
कि बोला विषम शब्द विकराल
भावी किसी रक्त-गम्भीर घटनावली का
किया तीव्र संकेत
गहरी गली के फटे वृक्ष पर
हो गया एक कालान्तकारी महायुद्ध अभिप्रेत
अन्याय था गाढ़,
विरुद्ध थे लोग नारी युवा वृद्ध
दुर्दान्त संघर्ष की ज्वाल
थे ध्वंस के मेघ अनिरुद्ध
पृथ्वी हुई युद्ध के बाद रूपान्तरित धन्य
गहरी गली हो गयी राजपथ, लोग सुप्रसन्न
जन-जन सुखी, भव्य अनुरक्ति का काल
उतरा घने वृक्ष पर फिर वही स्वर्ण-खग
गीत-तत्पर नयी स्वर्ण-खग-माल
उस रात गहरी गली को दिखा
स्वप्न सुविशाल
दुर्दान्त सुख-स्वप्न की ज्वाल।

साँझ-रँगी ऊँची लहरों में

साँझ-रँगी ऊँची लहरों में अरब सिन्धु
धोता रहता है अहोरात्र
ज्यों भव्य हिन्द के सक्षम श्यामल शिला-कूल
श्रमशील कष्टजीवी मानव के प्राण-मूल

में व्याप्त गहन वेदना-सिन्धु द्वारा अशान्त
धुलता रहता
आलिंगन में बँधता रहता दिन हो कि रात
उद्विग्न किन्तु लक्ष्योन्मुख संवेदना-तरंगों से विराट्
वह एकमात्र गम्भीर गहन मानवी सत्य
पीड़ित मानवता का वह जीवन दुकूल—
वह महाभूमि जिस पर अनन्य
मधुशील चमकता रहता है
मुक्ति के स्वप्न का पूर्ण चन्द्र !

सहता की सह-अनुभूति आज
मीठी ज्वाला-सी चमकी संवेदना दिव्य
उद्विग्न कष्टजीवी जीवन का वह गहरा आत्मीय ज्ञान
करता हिय को सहसा सौ-सौ आँखें प्रदान
होता व्याकुल सामीप्य-बोध
अपने प्राणों के आस-पास
उद्विग्न कष्टजीवी जीवन के ज्योति-पाश
मानो अपनी धक-धक करती
आहत छाती के मौन भवन
में रही झाँक
सौ-सौ सहानुभवशील नग्न-अन्तर झुलसी सूरतें मौन;
देखतीं और
खींचतीं एक रेखा सुदीर्घ
अन्दर की भीतों पर अजीब।
अपने हिय में वह चित्र धार
अंगार-भरे पथ का महान्
उद्विग्न मैं कि बेचैन सोचता हूँ अजीब—
वे रहे देख—
मेरे उर के द्वारों पर बैठे हुए प्राण
हैं रहे देख
बेचैन उसी के बारे में उद्विग्न स्वप्न !!

श्रमशील कष्टजीवी मन का जीवन-विश्व
(समुपस्थित कर अपने असंख्य
वेदना-दृश्य, संघर्ष-शिल्प, व्यक्तित्व-चित्र)
वह घोर जागता उपन्यास

मेरे हिय में घुलकर होता आवेग एक
अतिशय सवेग बहते निर्झर-सा अकुलाता;
और वर्तमान की विषम परिस्थिति के विरुद्ध
हमको पुकारता, ले जाता।
वह ओजोमय प्रेरणानुभव
मेरी अशान्त धुकधुकी धीर
में स्पन्दित हो उठता गभीर।
धकधक करते वक्षों का वह वेदनानुभव
रक्तिम संघर्षों की घाटी में बहता है
गम्भीर प्रवाहवती सरिता-सा शक्तिमान !

रक्तिम संघर्षों की घाटी में धीर वेग
से बहती है सरिता अजस्र
आधुनिक कष्टजीवी जीवन की क्रान्तिशील
उस घाटी के नव-क्षितिज-तीर
पर स्तब्ध धधकता हुआ गोल
अंगार-चन्द्र—
गम्भीर सत्य वह निर्निमेष कालान्तशील।
कालिमा दिगम्बर पर फैला आलोक लाल
रक्तिम संघर्षों के क्षेत्रों पर खिलता है
वह महाबिम्ब
युद्ध-रत लोक-जीवन का वह भीषण प्रतीक
आकुल कराल !!

दूसरी ओर रक्तिम संघर्षों की घाटी से छिटक दूर
सुनसानों में उस पार
भग्न मीनार एक,
जिस पर बैठा निशिचर उलूक
है रहा देख
वह स्तब्ध धधकता हुआ लाल
अंगार-चन्द्र;
एकटक तीव्र स्थिर-शान्त नेत्र
से रहा देख
भग्नावशेषवासी विहंग
श्यामायमान अम्बर पर उठता हुआ गोल
अंगार-बिम्ब।

कालिमा दिगम्बर पर गहरा आलोक लाल
जिसमें कि प्रकाशित हो उठते परिवर्तन-पथ
नूतन विशाल,
रक्तिम-संघर्षों की घाटी से चलते हैं
मानव के नूतन पथ सगर्व—
है बहुत दूर से रहा देख यह दृश्य सर्व
रात्रिचर आलोक विहंग,
औ' रहा सोच :
'मस्तिष्कवान होकर भी मैं कितना अशक्त
कितना असंग; असहाय, पोच
सुज्ञात यदपि गम्भीर सत्य
कालान्तशील,
मानवी मुक्ति समता-संस्कृति आत्म-शक्ति
संहारशील निर्माणशील;
मैं किन्तु हाय ! भग्नावशेषवासी विहंग—
वीरान अँधेरी जगहों की
आक्रमणशील सूनी दुःस्पर्श अनात्मा
के विवरों में रहता हूँ निरुद्ध
वीरान हवा के भुतहे चिर-आलिगन में
मैं बँधा हुआ अपने विरुद्ध
हूँ ह्रासशील सभ्यता विषम
का प्राणपुत्र दयनीय परम
मैं देख रहा यद्यपि अतन्द्र
वह स्तब्ध धधकता हुआ भव्य अंगार-चन्द्र
जन-संघर्षों की घाटी पर जो खिला लाल
जन-जीवन के उद्वेगों का आकुल कराल
भीषण प्रतीक—
भग्नावशेषवासी परन्तु
मैं रहा झींक
निज दुःखों पर—
ठोकता रहा बौना कपाल
जानकर इसे ही सबसे सुविधाजनक ठीक।'

रात्रिचर आलोचक विहंग
दो चक्र-नेत्र से देख रहा यह भग्न क्षेत्र—
लम्बे-लम्बे ऊँचे-ऊँचे भग्नावशेष,

ढहती प्राचीरों के विशाल
स्वार्थान्ध सभ्यता के क्रोधी तिमिरान्तराल
जिनमें से निर्मानिव गहरी वीरान गन्ध
के झोंके उठ-उठ आते हैं उद्दाम अन्ध।
हैं अन्धकार में भी दिखते साकार स्पष्ट,
गुम्बज-गुम्बज के भग्न भाल आकार-भ्रष्ट।
उनकी चीरों में से अनेक,
उग आये पौधे वक्र-रेख !
है स्वप्न प्रतीकों-सा कराल
गुम्बज पर जंगली पीपल का वह डाल-जाल।
एकान्त शून्य वे सिंहद्वार
जिनके ऊपर की ऊँची मंज़िल पर ऊँचा है अन्धकार
जिनके अन्दर हो रही स्फूर्ति
स्वार्थान्ध-सभ्यता के शासन की काम-पूर्ति !!
जंगली शृगाल सौ बुद्धि-भ्रष्ट
निर्बोध प्राणियों को खा जाते या देते हैं महाकष्ट
विश्वास-स्नेह अभिशापग्रस्त
स्वार्थान्ध-सभ्यता की प्राचीरों के पथरीले तल समीप
की भूमि खोद
औ' नरम-नरम मिट्टी निकालकर एक ओर
गह्वर-गह्वर में करते हैं आराम श्वान
ये रोज़ शाम
उद्ध्वस्त मुहल्लों की ज़मीन सूँघते हुए
फिरते रहते चिर-उदरम्भरि ये कामचोर...
अवसरवादी ये बुद्धिमान !!

ऊँचे-ऊँचे लम्बे-लम्बे भग्नावशेष
वृक्षों-से दैत्याकार गये छाया अशेष—
उनके गहरे सघनान्तराल
से गूँजें उठती हैं अशान्त;
हैं आसमान चीरती हुई उठती रहतीं
ऊँची पतली चीत्कारों की काँपती हुई स्वर-रेखाएँ अतिशय विचित्र
औ' किन्हीं दानवी हाथों घुटते हुए कण्ठ
से उठती एकाकी पुकार
उद्भ्रान्त विलक्षण व्याकुल एकाकी अपार।
चीत्कारों का क्रम, घोर ठहाकों का दानवी अनुक्रम भीम

परकोटे प्राचीर श्याम पारकर उतर
जंगल के वीराने में छा जाता-सा है
पगडण्डी पर चलते पथिकों के कानों में
भग्नावशेष की कहानियाँ गाता-सा है !!
हैं प्राण त्रस्त
मानो धरती आकाश
सभी अभिशापग्रस्त।
लम्बे-लम्बे, ऊँचे-ऊँचे विस्तृत समूह
अथवा ढूहों के चक्रव्यूह !!
उनके गहरे विवरों से उठती है काली मृत्यु की हूह !!
गहरे-गहरे कूओं में (हो भूख से बिहाल)
हो रहीं आत्महत्याएँ
इस रात को कराल;
औ', हाय ! दूसरी ओर, तीसरी मंज़िल के
वासी, परन्तु—
स्वार्थान्ध सभ्यता के शासक दानवी जन्तु
(निज कोषागार-स्थित रक्षक-नाग-से सजग प्रतिपल सतर्क)
चाहते कि दुनिया
रहे मूर्च्छना में विजड़ित निःशेष ग़र्क़।
रात्रिचर आलोचक विहंग
निज चक्र-नेत्र से देख रहा यह भग्न क्षेत्र
वीरान अँधेरी जगहों की
अपने अन्तर में लिये हूक
विद्रूप आत्म-चेतस उलूक
है रहा सोच :
'भग्नावशेषवासी लोगों में कोई भी क्या नहीं जो कि
कुछ मूलभूत वे प्रश्न पूछ
कर दे उद्घाटित विद्यमान
सभ्यता विषम का अतिकुरूप चेहरा मूँछ !'
वह रहा सोच :
'भग्नावशेषवासी लोगों की हाय ! चेतना है
कि मूर्च्छना का प्रसंग
मैं अपनी ही चेतना तीव्र
के कारण एकाकी असंग !!
विद्रूप सत्य का महासंगठन (काल-जाल)
विकराल देख

मेरा भी विद्रूप-रूप हो गया एक
मैं तीक्ष्ण दंष्ट्र
अति-क्षुब्ध दुष्ट
हूँ मांसाशी, चिर-प्रतिस्पर्धी (दोषातिरेक)
अति घोर किन्तु, मेरे अन्तर की
व्यथित हूक,
···विद्रूप आत्मचेता उलूक !
संहारात्मक बुद्धि लिये पर कर्महीन
मैं आलोचक निशिचर विहंग
जिसके दोषों, अपराधों, अक्षमता-सीमा
का मैं प्रतीक
उस व्याधिग्रस्त सभ्यता विषम
की व्याख्या भी हूँ सप्रसंग !!

'पर, संघर्षों की घाटी पर
वह स्तब्ध
धधकता हुआ लाल अंगार-चन्द्र
कालान्तशील वह महाबिम्ब
फैलाता है भग्नावशेष-विस्तारों पर—
दु:सह कराल
कालिमा दिगम्बर पर
अपना आलोक-जाल—
वह एक अर्थ—
करता मेरे मस्तक में व्याकुल तडित्-नृत्य !!
जन-जीवन के उद्वेगों का
गम्भीर सत्य
कर दे विचूर्ण द्रुत
मेरा यह अस्तित्व घोर
हो जाय भस्म यह एकाकी मस्तक कठोर !!
विध्वंसों की भूरी छाया
में पली हुई इस आत्मचेतना के निधान—
श्यामल-श्यामल
गहरा-गहरा गम्भीर ध्यानवाला
उलूक-व्यक्तित्व हाय !
······
मिट जाय, और

इस स्तब्ध धधकते हुए लाल
अंगार-चन्द्र में सिमिट जाय !!

'काले एकाकी आसमान
में (विषम चेतना लिये) तीव्र
ये मेरे उड़ते हुए पंख
गल जायँ, और
झर जाय प्राण में से उदास
भावों का सूखा हुआ पंक !!
धुल जायँ ज़िन्दगी से मेरे
भग्नावशेष की छायाओं के श्याम अंक !!'
......

उस रात
सभी ने सुनी गूँज
बेकल अबूझ।
सूझते हुए भी जो असूझ-सी रही
कि ज्यों मस्तिष्क-कोष
पाकर अन्दर व्रण, गये सूज !!

वीरान अँधेरे में सत्वर भागती हुई
चीख़ती हुई
विक्षिप्त वह नाले की कमज़ोर धार
हो गयी अचानक
बद्ध-वाक्
जिस पर निशिचर था स्थित विहंग
उस भव्य भग्न मीनार घोर
की ईंटें भी
गनगना उठीं। बरगद विशाल
बुदबुदा उठा :
'मैं रहा जानता है कराल
आगामी के गीत की टेक।'

वीरान हवा चीरते हुए उड़ गये पंख,
चीखकर एक
व्याकुल प्रभीम दुर्धर्ष हूह
सुन, काँप उठे सब स्याह ढूह !

भयभीत हुए
स्वार्थान्ध सभ्यता के शासन के चक्रव्यूह
गह्वरवासी कृमि-कीट,
भद्र शोषक अनन्त,
सोचने लगे :
'आ गया हमारा घोर अन्त,'
सुनकर, उलूक का नव प्रयाण
निज नींद छोड़ भागे शृगाल
'भीषण यह देश द्रोह हाय !!'
भौंके असंख्य भयभीत श्वान
चौंके अजान !!

भग्नावशेष-तिमिरान्तराल
से उठी चीख :
'है उदाहरण यह, हमें सीख,
छावो, छावो
उखड़ी भीतों की खड़ी पीठ।
प्रतिपल चौड़ी होती दरार
को रहीं निरन्तर जो निहार
फोड़ो, फोड़ो वे आँखें,
गहरी आलोचक एकटक दीठ।'

स्वार्थान्ध सभ्यता की सीमा नापती हुई
वह क्षेत्र-परिधि पर बहती (नाले की)
व्याकुल कमज़ोर धार
सब दूर ज़ोर से कर पुकार
बोली कि
'उदित है स्तब्ध-भीम
वह लाल धधकता हुआ गोल अंगार-चन्द्र
स्वार्थान्ध सभ्यता की फूटी
इमारतों औ' मीनारों पर हैं रुधिर-कान्ति
वह रक्तारुण आलोक बिछा दीवालों पर
रँग गये बुर्ज औ' सिंहद्वार
जिनके अन्दर के प्रांगण का, भग्नान्तराल
का
दिखता रहता अन्धकार

जो थी भूरी, रक्ताभ हो गयी हतश्वास
ढहती प्राचीरों के सिर पर वह उगी घास
मैं अन्धकार में बहती थी;
देखा न कभी था हाय !! मूर्त
दुःस्वप्न चित्र
स्वार्थान्ध सभ्यता का विचित्र !!'

विक्षिप्त-दीन झरने की उस चीखती धार
में मर्म-सत्य की
घोर चेतनामय पुकार
सुनकर,
हतबुद्धि 'सुसंस्कृति' के भग्नावशेष
सब सिंहद्वार, ऊँचे गुम्बज,
मन्दिर, विहार
खोजने लगे अपने अन्दर का अन्धकार
सारे शृगाल, सब श्वान, सर्प, कवि और रीछ
बरगद पीपल के पास भग्न मीनार नीच
स्मृति-स्तूप घोर जन-वध के, सारे स्याह ढूह,
प्राचीर, तिलिस्मी कारागृह,
स्वार्थान्ध सभ्यता के शासन के चक्रव्यूह
वे घोर अहंकारी शोषक काले कठोर
कृमि-कीट और उसके सहजीवी कामचोर
हो गये किसी गम्भीर
भयानक आत्मचेतना में विलीन
देखने लगे आत्मान्धकार
के परदे पर—
अतिशय कराल
नीली लहरों का तडित्-नृत्य
या मृत्यु-सत्य के व्याकुल चंचल नील-व्याल !!
देखने लगे—
निज-अन्धकार से भरे क्षीण मस्तिष्क दीन
की अन्दर की भीतों पर ही
आसन्न मृत्यु के घोर कर्क-वृश्चिक नवीन !!

रक्तिम संघर्षों की घाटी के क्षितिज-तीर
पर स्तब्ध धधकता हुआ लाल अंगार-चन्द्र

मुस्करा उठा :
हो गयी सुनहली स्मित विशाल
जन-संघर्षों की निर्णायक
स्थिति आ पहुँची आकुल कराल
पीड़ा के श्यामल महासिन्धु
की लहरों का उत्तुंग स्फार
टकराने औ' तोड़ने लगा कालान्त-द्वार !!

जन-संघर्षों की घाटी पर
फैली अपार चाँदनी नील
घूमने लगी तिगुनी गति से
पृथ्वी की वेगायिता कील
चक्कर खाकर बेहोश हुए भग्नावशेष
खो गये अबूझे अन्तरिक्ष
में वे पापी कण-कण अशेष
धरती के सुमधुर चेहरे पर
स्वार्थान्ध सभ्यता के गहरे काजली चिह्न
मिट गये, हुआ वह दीप्त कोमल प्रसन्न !!
खिल उठे सुविकसित मानव के
मधु संवेदित व्यक्तित्व-कोष
चाँदनी भरे नभ में युगान्त
का उठा घोर
उल्लास-घोष ।
जन-जीवन की संघर्ष-व्यथा
फिर हुई कथा की एक बात
मुक्ति के मधुर उद्धत मुख पर
खिल उठी धूप, खिल उठा प्रात !!

सूखे कठोर नंगे पहाड़

सूखे कठोर नंगे पहाड़
बंजरपन की भूरी गरिमा के सम्राटों को महाभार
ले उठा सबल निज कन्धों पर,
साँवले अनुर्वर खल्वाटों को बुद्धिहीन,
ज़ोर से भूमि से दे उखाड़ ।

सूखे कठोर नंगे पहाड़
युग-युग की गहरी जड़ीभूत
परतों के काले विभ्राटों को इन महान्
काले अथाह सागर में फेंक
डुबो देने के लिए
आज निज कन्धों पर भार कर वहन !!

सूखे कठोर नंगे पहाड़
इनकी गहरी काली छाया के घेरे में
मानवीय सभ्यताओं पर धुँधली अँधियाली
रहती छायी।
अन्तर्मन पर धूल के मटैले भार
(कि जो रोकते विकास की सहज साँस)
रहते जमते।
इनके ऊपर यह आसमान
जो चूने-सा कोरा सफ़ेद,
रहता ही है नित निराकार।
उसके (भीषण दाहक प्रकार से अर्थशून्य)
अवकाश-रिक्त
में तिरछा लटका-ढीला-ढाला है एक ओर
टीन के गोल टुकड़े-सा यह सूरज सफ़ेद।
निर्जीव धुन्धवाला प्रकाश
मानव के मुख पर फैल, अमानव रूप
उसे करता प्रदान;
(ऐसा रवि विद्युद्दहनशील)
ढँकती रहतीं सौ-सौ काली रातें अशान्त
वह आसमान।
वे तारादल
मोतियाबिन्दवाले अशान्त ये लाल नेत्र
कुछ कहाँ देख पाते अजान
वर्षान्धकार
अथवा प्रकाश के धुंधले कुहरेभरा नित्य
आपदापूर्ण जीवन मानव का है अशान्त यह एक सत्य !
मानव की बाधाओं के हैं जो स्याह जिन्न···
ये अहं-गर्भ, अज्ञान-प्राण, शोषण-प्रसन्न
युग-युग की संचित 'संस्कृति' के ये सड़े रूप

हैं खड़े हुए उद्धत अखण्ड
उद्दण्ड विजड़ खल्वाट्-शीर्ष
रख आसमान में दर्पपूर्ण,
काले पत्थर का तान धृष्टतापूर्ण दुष्ट सीना कठोर
हैं रहे रोक आतुर वर्षा लेकर आती व्याकुल समीर
इनसे टकरा आहत होकर वापिस जाती ठण्डी बयार
कर गिरफ़्तार ये शिला-वक्ष शैतान घोर !
सूखे पहाड़ नंगे कठोर।
कन्धों पर रख;
आगे बढ़ चल;
पगडण्डी पर रख पैर
माप अपने सवाल के सुविस्तार;
उनकी गहराई की गुहार
शक्ति की लहर में लहरा ले।

सावधान ! यह मार्ग तिलिस्मी है अचीन्ह
मन्त्रानुशासनों का काला जादुई देस
अब हुआ शुरू।
औ' उसके बीचो-बीच तुम्हारा मार्ग—
—भूरा साँप—!!
खँडहर-खँडहर पीपल-पीपल
के हरियाली सरसर मर्मर
में तान्त्रिक की दुष्ट साध, वह कूटनीति
की भुतही सन्ध्या भाषा, या भावुक छल का आकुल प्रलाप
गेरुई शोणितारुण भैरव, शत इच्छाओं की
जटिल ग्रन्थि
कि स्वप्न वाक् !!

इसलिए
भार मत गिरा
कि निज तन के आराम के लिए
हारकर अरे !
पीछे न देख…!
ज़रा अगर तेरे कठोर
भार ने सहज छू ली ज़मीन,
तो अकस्मात्—

तेरे कन्धे पर से सरके, जा गिरे विजड़
नंगे कठोर सूखे पहाड़
के पास वहीं-के-वहीं मौन
साँवला शून्य पत्थर बनकर
तू पड़ा रहेगा युग-युगान्त।

मार्ग तिलिस्मी, है जादुई देस··· !!
निज अन्ध गुहा की छत में तान्त्रिक ने, असंख्य
आत्माएँ लटका दीं चिमगादड़ के समूह-सी उलटी···!
लटका नीचे सिर, ऊपर करके घृणित पैर
ढीले फैलाकर रात्रि-श्याम
असगुनी पंख
उलटी लटकी हैं पराजिता दयनीया आत्माएँ असंख्य !!
भूखे स्यारों की मलिन देह
में अगिन मानवताएँ कर दीं, हाय ! कैद
जो इधर-उधर पशु रहे घूम
मुख को नत कर, वे श्वान और
अति वृद्ध सिंह
(सरकस के पशु)
भूखे शृगाल इत्यादि जीव—
थे एक ज़माने में ये भी मनुष्य,
पर थोड़े-से आराम हेतु,
अपनी आत्माएँ बेच, हाय !
हो गये आज
काले तान्त्रिक की महादुष्ट जागीर घोर
के क्षुद्र जन्तु।
आज भी अरे, स्वपदाधिकार
के हेतु (किन्तु)
दिन-रात परस्पर रहते ये संघर्षशील !
पर तान्त्रिक के आज्ञा-अधीन
ये रहते हैं दयनीय जीव !
थे एक ज़माने में ये भी मनुष्य !!

मत कर विराम,
विश्राम न कर, संगीत-स्वरों के लिए न रुक !
रह सावधान !!

जिनमें से यह आ रही मधुर आलाप-तान
वे घर भुतहे,
वे, ऐकान्तिक साँवली हवा
के फैलावों में खोये-से निर्जन मकान !!
लम्बी-चौड़ी, ऊँची सफ़ेद
दीवारों पर तिरछा रहस्य—
तिरछी फैली है निर्मानव
वह घोर रहस्यावृता तिलिस्मी नील पीत
उन्मत्त चाँदनी गहरी, पैशाची प्रगाढ़
जो मुसकाती छल-भरा मौन।
उन तिमंज़िले आलोकित वातायन-द्वारों से चिर-समृद्ध
जो मैदानी साँवली साँस
में लहराते हैं नृत्य-गीत
उनका अमानवी कम्प-स्पर्श
वह (ठण्डी रातों में) जंगल के बियाबान
में सर्द सुरों की गूँजों-सा, प्राण पर घोर आक्रमणशील
(जिससे एकाकी रोमहर्ष)

ऊँचे मकान का चिकना कितना भी सुन्दर हो अग्रभाग,
पर पीछे से उद्ध्वस्त
कि लम्बा-चौड़ा वह खँडहर विदीर्ण।
हैं वहाँ (मनस व्यभिचारी-से) मानुषी भूत
जो अपने मरे-हुए पन में
जी हुई ज़िन्दगी रहे आँक
(हैं टाट बोरियों के विदीर्ण
साँवले, खड़े हुए परदे भूरे अनेक
टूटे उखड़े ढीले दरवाज़े रहे ढाँक)
है मरी हुई ज़िन्दगी घिनी की कटी नाक !
उस खँडहर के आँगन विभग्न
में (दरवाज़ों सम्मुख) बिखरे हैं सभी ओर
जंगली अजीब
निष्प्राण नपुंसक पंख और
उनमें से निकले हुए दीर्घ-
लघु पर असंख्य !
निःशक्त मनुष्यों की निज अन्तस्-हननशील
आत्माओं के वे हैं भीषण जाग्रत प्रतीक !!

कभी-कभी दीखते राह पर आते-जाते पुरुष और
कमनीय नारियाँ स्मिति-प्रसन्न
(ध्यान रख मित्र !)
वे मोम मूरतें, चमकदार पुतलियाँ लाख।
जादुई स्याह
हाथों, अंचल में लगी गाँठ···।
···देखी कि नहीं ?
तान्त्रिक की आँखों में तीखी गहरी कंजी चमक तेज़ !
है मोम मूरतों के नेत्रों में भी वैसी ही दृष्टि तीव्र—
पल एक वही माधुरी-लीन प्रच्छन्न; किन्तु
अन्य पल प्रकट उसका प्रकाश
(वह दुरभिलाष)
होता फिर से प्रच्छन्न और
नेत्रों में फिर चमका आता माधुर्य-हास
उनकी मीठी मुस्कान निरख !
ये चमकदार तरुणियाँ, मात्र हैं रूप-रंग
वे सिर्फ़ विषैली लाल-नील
जामुनी हवा हैं, आत्महीन !
तू कर न साथ उनका कि मित्र,
मृत्यु की गोद में पंक-श्याम
जाने का, पलने का यदि तेरा अभिप्रेत
निर्णय हो तो दूसरी बात !!
प्रियवर, उनके तू रह न साथ !

चलते-फिरते जो पुरुष भव्य
देते कि दिखायी उच्च वंश के दीप-स्तम्भ
(ये दम्भशील)
हैं तान्त्रिक के ये सौ गुलाम
तू कर न मित्र, इनको सलाम या राम-राम।
सुमधुर व्यक्तित्व कि चतुर हास
भावुक छल का कौशल-विलास
लेकर ये तेरे साथ-साथ
चलकर छलने के हेतु मात्र
उत्सुक हैं करने बातचीत !
ये बँधे हुए आदेश एक
से यों अभिन्न जैसे रजनी से अन्धकार;

जीवन है मात्र विराम-चिह्न।
ये शून्य बिन्दु हैं गोल-गोल
पर चलता इनके ही द्वारा
दु:शासन तान्त्रिक का खगोल !!
ये यद्यपि जीवित-से दिखते, पर मूर्त प्रेत
(है प्रेत-तन्त्र।)
ये तान्त्रिक के अधिकार-क्षेत्र
की दमनशील आतंकशील सरकार घोर
के कलपुर्ज़े ये लौह यन्त्र
इनसे न, मित्र, कर बातचीत
आमरण शत्रु तेरे असंख्य
से समझौता कैसा कि प्रीत?
ये स्वयं भीति आतंकग्रस्त, इनका निज का है बुरा हाल!
ये इन्द्रजाल की कूटनीति
औ' कूटनीति के इन्द्रजाल !!

झूठे आकर्षण, लोभ, मोह,
अथवा प्रमाद, आतंक, भीति से हो न ग्रस्त!
यों हो मत निज से ही अपमानित आज, हाय !!
क्या सत्य आज
जीवन के, जन जीवन के कर्तव्यों सिवाय!
प्रासाद दुर्ग की दीवारों से तू महान्
है मेरे प्यारे मित्र, गहन आदर्शवान
इस भूमण्डल का तुझे तोड़ना है तिलिस्म
तू तिमंज़िले सौन्दर्य स्वर्ग से है महान्
ये पुरुष, स्त्रियाँ, मोहनकारी संगीत सर्व
है इन्द्रजाल, है सभी तिलिस्मी, यद्यपि स्निग्ध;
मत धँस इसमें,
मत फँस इसमें, पीछे न देख
मूरख मत बन, मूरख मत बन
पल का अपराध प्रलय की बन घन घटा घोर
तुझको ढँक लेगी, छा जायेगी सभी ओर!
प्रिय, बन न मूर्ख
मत कर कुतर्क
आगे बढ़ चल तू लगा ज़ोर।

ले देख, दूर प्रातःनभान्त
में उगा सूर्य
क्रान्ति सा क्रुद्ध वह लाल सुर्ख़
पथ हुआ दीप्त तेरा अपार
अथ हुआ दीप्त !
तेरा यथार्थ पर था आधारित प्रगति तर्क
(तू सफल मनोरथ हो, जल्दी
छू ले अपने लक्ष्य का छोर
गति हुई दीप्त, इति हो प्रदीप्त
आगे बढ़ चल, तू लगा ज़ोर)
सूखे कठोर नंगे पहाड़
यों उठा, अथक
कन्धों पर रख
चलते जाना बेरुके, विघ्न करके विचूर्ण !
पार कर तिलिस्मी देश शीघ्र,
यह स्कन्ध भार अपना सँभाल
ढो ले, ढो ले यह बोझ घोर !
बंजर पहाड़, नंगे कठोर जल्दी निकाल
चलते जाकर, चलते जाकर
पा ले, पा ले सत्य का छोर
आ पहुँच और
गम्भीर जलधि के तट पर तू हो खड़ा कि छू ले आसमान
इतना ऊँचा, इतना विराट हो दुर्निवार संकल्प प्राण !!
अब बाहुदण्ड से कन्धे पर से उठा शीघ्र
आवेग रुद्र संयमित शक्ति दृढ़ मुद्रा से
दे फेंऽऽक
भयंकर आँखों से फिर देख
एकदम प्रलम्ब स्वर भीषण धड़ाम !!
भीति हत भागती हुई तरंगों की फेनिल मुख
निज रक्षाप्रार्थिनी चीख़ !!
सुन ले ! सुन ले !
आघात विकल घबराहट से प्राणों की माँगी गयी भीख़ !
सुन ले ! सुन ले ! देख ले आज
उत्तुंग कठिन नंगे पहाड़
का जलधि विदारक अधःपतन···
डूबती हुई भीषण दहाड़

भीषण गुहार, विकराल नाद
सुन एक···प्रलम्ब···भयार्त गूँज !
क्षितिजों के कानों में पछाड़
खाकर रोती-सी मार धाड़
असहाय तड़फड़ाती-सी वह आवाज़ एक
वह प्राण त्यागती प्रतिक्रिया का अन्त शब्द
सुन वह···प्रलम्ब···भयार्त गूँज
सुन ले अपना विजयेतिहास
सुन ले होकर नीरव गभीर
उत्तरदायित्वों का नूतन विद्युद्दोल्लास
फिर लौट, पसीना पोंछ
उसी फिर महाकाल सागर में कूद—
नहा !
अन्तस् की उसकी चमत्कारिका खींच शक्ति
प्राप्त कर जलधि अन्तस्थ
गहन गम्भीर शक्ति के प्राण-स्रोत
प्राप्त कर सृष्टि के तडित्-प्राण
कर गान प्राप्त
चल दे तुरन्त
जल्दी-जल्दी पग बढ़ा आज
कर दे अपनी रफ़्तार तेज़
मानव-बाधा कर शीघ्र ध्वस्त
उद्ध्वस्त शत्रु कर तुरत धराशायी समस्त
कर अनुभव अपनी बाहु-शक्ति
शक्ति का स्वेद, मद, बलखाती मस्ती असीम
कर अनुभव गहरा आत्म-तेज
कर अनुभव जन-संकल्प भीम
कर अपने प्राणों में अनुभव नव लोक-शक्ति
जिसके कारण हिय में साहस उत्साह-स्रोत
जिसके कारण तुझ लोक-व्यक्ति
में महासृष्टि के तडित्-प्राण का चमत्कार !
गहरे यथार्थ पर आधारित
जो देता है (आवेग-ज्वाल में कान्ति-श्वेत)
सौ तर्क-युद्ध नूतन विचार !
पा अपनी तन्मयता गभीर, पा मूल केन्द्र
जय-हर्ष-अश्रु में से निहार—

वह भव्य लक्ष्य
दर्शन कर ले आसक्तिपूर्ण
कर ले अधीत सम्पूर्ण पक्ष
सारा स्वरूप
कर अनुभव अपने अन्तर में नव लोक-शक्ति
पा ले नूतन गम्भीर भक्ति !!
पा ले जीवन गम्भीर रूप !!

पथ पर रुक मत
आ पहुँच, पहुँच, चल, भाग उठा…
कन्धों पर रख,
ले जमा और
निज पैरों के मज़बूत ज़ोर
पर तौल भार !
दुर्भेद्य पहाड़ों की सूखी नंगी मजबूरी का अजीब
विस्तार माप…
फिर से पैरों पर एक बार
ले तौल पहाड़ी महाभार !

फिर चल, चलता जा, चलता जा
चलते जाकर—
(दूज के चाँद की छायाएँ फैलीं जिसके बेथाह वक्ष)
साँवले अतल गम्भीर जलधि के महाकूल
पर खड़ा हो कि
छू आसमान
आवेग-रुद्रता की विकृताकृति मुद्रा में होकर प्रभीम
दे फेंऽऽऽक
पहाड़ों की कठोर प्रस्तरी देह, प्रस्तरी प्राण
प्रस्तरी घोर मस्तिष्क-कोष
प्रस्तरी घोर मस्तिष्क-कोष—
जिसके काले विवरान्धकार
में बैठे हैं बीभत्स श्याम
काले जादूगर—जादूगर
तान्त्रिक समाधि में पूर्ण लीन
वे (कारावासी मानवता के दमनशील शासनकर्ता
शोषण-प्रवीण ।)
दे फेंक कुबेरों का सुमेरु

जो सोने के गंजे सिर का
(जन-क्रान्ति-विरोधी प्रतिक्रान्ति का मूल केन्द्र)
जिनके कि काजली प्राणों के आवरण—देह
पर आँख-नाकवाला हिस्सा
मुख भाग कि सुन्दर स्मिति-विभोर
कंचन की मिट्टी का बुर्का वह स्निग्ध गौर
शोषण की गहन व्यवस्था के ये हाथ-पैर औ' बुद्धि-उदर
ये लम्बोदर ये स्वार्थ-शास्त्र की बुद्धि प्रखर
इनको उखाड़
दे उन्हें ज़ोर से फेंक आज
दे डुबो सर्व इनका समाज
इनके प्राणों का रुधिर स्याह
दे बहा सिन्धु के महा-अतल
दे बहा युगों के भीषणतम अधिशापाचल
ये खँडहर के बरगद पीपल
फैलाकर अपनी अग्नि-भुजा तू जला डाल
भुतहे भावों की भँवरों के विस्तृत प्रसार
के महा अस्त्र ये छार-छार कर डाल आज
शोषक दल के स्वार्थों के ये
औचित्य-स्थापनाशील तर्क
कर आज ग़र्क़
मौत के स्याह बेथाह समुन्दर में अपार
सौ लोक-विरोधी झूठे भावों के प्रसिद्ध
ध्वनिविस्तारक विक्षुब्ध केन्द्र-से
खँडहर के बरगद-पीपल के पात-पात
इनके काले भुतहे शब्दों के स्वराघात
कर शीघ्र स्तब्ध
उद्ध्वस्त सिद्ध कर तान्त्रिक की
मायावी के शत शक्ति-दुर्ग
कर शीघ्र दग्ध ! !
कर मुक्त श्वान-स्यारों के तन, चिमगादड़ तन
में अब तक जो मानव बन्दी,
तोड़ दे द्वार सौ रुद्ध किये
जो खड़ी शिलाएँ हैं अन्धी
शोषक की आवश्यकताएँ—दे तोड़ तिलिस्मी सत्ताएँ
हे कष्टजीवियों के प्रतिनिधि '

नष्ट कर लोक-शशि-ग्रास-मग्न
सौ राहु-केतु !
(रूपान्तरिता कर पृथ्वी को)
उद्दाम प्रगति के श्वेत-नील
नक्षत्रों की नव विजय हेतु
बाँध दे अरे !
जन-बाहु-स्पर्श-सर्जित विराट्
जन-बाहु-दण्ड-निर्मित असंख्य
शत आपृथ्वीनक्षत्र सेतु ! !
हे महाश्रमिक ! जन-क्रान्ति-रूप !
जीवन के मर्म कि शस्य-श्याम
आनन्दित खेतों के अपार
विस्तारों-से कोमल सुरम्य
आँखों के सम्मुख फैल जायँ !
उनमें सुमधुर नव आशय-सी नव अभिप्राय-सी
तेरी परछाईं गभीर
की नव कोमल सौन्दर्य-कान्ति
का दर्शन होता रहे हमें ।
हम एक-दूसरे के अन्तर
में एक-दूसरे की गहरी
झाँकती हुई मुख-छाया पा लें एक ओर—
हम अप्रतिहत स्वाधीन प्राण
संघर्षग्रस्त हैं क्रान्तिकाल के कष्टजीवि कर लें सहास
यों निज जीवन-औचित्य-स्थापनाशील नये साहस-प्रयास
आराम कि तब तक है निषिद्ध
निज भाग्य-सिद्ध इतिहास-सिद्ध
जब तक कर्तव्य न पूरा कर डालें समस्त दूसरी ओर !

०००